Bert Hellinger · Finden, was wirkt

Bert Hellinger

Finden, was wirkt

Therapeutische Briefe

Kösel

ISBN 3-466-30346-X
© 1993 by Kösel-Verlag GmbH & Co., München
Printed in Germany. Alle Rechte vorbehalten
Druck und Bindung: Kösel, Kempten
Umschlag: Elisabeth Petersen, Glonn
Umschlagmotiv: Brigitte Smith, München

3 4 5 · 97 96 95 94

*Gedruckt auf umweltfreundlich hergestelltem Werkdruckpapier
(säurefrei und chlorfrei gebleicht)*

Inhalt

Was Sie erwartet 9

Mann und Frau

Der richtige Mann und die richtige Frau . 15
Altersunterschied 16
Sich gegenseitig brauchen 17
Entwicklung in Beziehungen 18
Partnerschaften in der Krise 20
Gegensätzliche Gewissen 33
Schuld und Verstrickung 34
Eifersucht 36
Treue und Untreue 37
Trennung 39
Trauern und Abschied 43
Vergebliche Wiederbegegnung 46
Intimes und das Leid als Rache 46
Geben und Nehmen 47
Zustimmung zum Preis 48
Die Liebe 49
Religion und Liebe 52
Das Glück 56

Eltern und Kinder

Eltern und Kinder 61

Scheidung und Kinder 65

Krankes Kind 67

Rivalität zwischen Geschwistern 68

Kinder und Eltern 69

Unterbrochene Hinbewegung 75

Weggeben eines Kindes an kinderlose
    Verwandte 78

Nehmen der Eltern 78

Kinder und frühere Partner der Eltern . . 81

Lassen der Eltern 83

Familiengeheimnisse 86

Mord in der Familie 87

Schuld-Entlastung der Eltern 89

Streit um das Erbe 90

Das Gute nehmen 91

Ordnungen des Ausgleichs und Ordnungen
    der Liebe 92

Leib und Seele

Symptome in der Psychotherapie 95

Eßanfälle mit Erbrechen 97

Magersucht 99

Übergewicht 102
Übelkeit 103
Sucht 103
Migräne 105
Herzschmerzen 106
Hyperventilation in der Primärtherapie . 106
Träume 108
Umgang mit Geschichten 110
Ethik der Helfer 112
Jenseits der Psychotherapie 113

Der tragende Grund

Zweierlei Wissen 121
Der Mitte folgen 121
Sehen und Hören 129
Erfahrung und Denken 130
Spirituelle Wege 132
Viel und Wenig 136
Das Lassen der Bilder 136
Das Sein und das Nicht 137
Glaube 138
Gnade 140

Abschied und Ende

Abschied im Alter 143

Trauer und Schicksal 145

Leben und Tod 147

Vergangenheitsbewältigung 156

Schmerz, der versöhnt 157

Nachwort 158

Ein Brief an Sie:

Was Sie erwartet

Ainring, 12.3.93

Diese gesammelten Briefe sind Antworten auf Fragen, die mir vorgelegt wurden; viele von Menschen, die ich nicht einmal kannte. Sie beschränken sich auf den Kern dieser Fragen und sind daher kurz; manche, ohne den Anfang und Schluß nur ein einziger Satz.
Doch es sind Antworten, die Stellung beziehen und Auswege zeigen, die lindern und heilen, die sagen, was fällig wäre zu tun, die entlarven oder entwaffnen, und die zumutend sind und Hilfe verweigern, die verfrüht oder billig oder entmündigend wäre. Außer dem Datum vom Beiwerk befreit, sind sie ganz anonym und ein offener Garten: Was darin wächst, darf auch Ihnen gehören.
Einige Briefe sind an Freunde oder Kollegen gerichtet. Sie besprechen gemeinsame Fragen oder danken für einen Hinweis, einen Vortrag, ein Buch; doch sind auch sie anonym und zur Sache.

Es sind dies gesammelte Briefe im doppelten Sinn: Zum einen gesammelt im inneren Vorgang, der ihr Entstehen begleitet und daher im Ergebnis verdichtet, so wie es eine kurze Geschichte beschreibt:

Ein Schüler fragte einen Lehrer: »Wie machst denn du das, wenn du anderen hilfst? Oft kommen zu dir Leute und fragen dich um Rat in Dingen, von denen du nur wenig weißt; doch nachher geht es ihnen besser.«
Der Lehrer gab zur Antwort: »Nicht am Wissen liegt es, wenn einer auf dem Wege stehenbleibt und nicht mehr weiter will. Denn er sucht Sicherheit, wo Mut verlangt wird, und Freiheit, wo das Richtige ihm keine Wahl mehr läßt; und so dreht er sich im Kreis. Der Lehrer aber widersteht dem Vorwand und dem Schein. Er sucht die Mitte, und dort gesammelt wartet er, wie einer, der die Segel ausspannt vor den Wind, ob ihn vielleicht ein Wort erreicht, das wirkt. Wenn dann der andere zu ihm kommt, findet er ihn dort, wohin er selber muß, und die Antwort ist für beide. Beide sind Hörer.«
Und er fügte hinzu: »Die Mitte fühlt sich leicht an.«

Zum anderen sind diese Briefe gesammelt über die Jahre. Einige wurden mit einem eigenen Titel versehen, andere unter einem gemeinsamen Titel zu mehreren aneinandergereiht. Dann wurden die Titel nach Themen lose geordnet. Dennoch steht jeder Brief für sich selbst.

Sie können diese Briefe nun lesen wie kleine Geschichten, denn jeder enthält verschlüsselt ein Schicksal.

Und sie können sie lesen wie einer, der Antworten sucht und, wenn er sie findet, das übrige läßt.

Und sie können sie lesen wie einer, der am Morgen auf den Bahnhof geht und einen Zug besteigt, der ihn ins Herz der Städte führt. Er sucht sich einen Platz am Fenster und schaut hinaus. Die Bilder folgen sich im Wechsel: stille Dörfer, kühne Brücken, Flüsse auf dem Weg zum Meer. Schon bald kann er die Bilder nicht mehr einzeln fassen, zu schnell geht seine Fahrt. So lehnt er sich zurück und setzt sich ihnen aus als Ganzem. Am Abend aber, als er ankommt, steigt er aus und sagt: »Ich habe viel gesehen und erlebt.«

Beim Lesen erleben, was heilt –
das wünsche ich Ihnen!

Ihr

Bert Kellinger

Mann und Frau

Der richtige Mann
und die richtige Frau

An ein Paar, das sich nicht entscheiden konnte:

7.12.83

Hier ist eine Geschichte für Euch.

Jemand hat gehört, wie schön es sei, mit dem Auto zu fahren, besonders wenn man zu zweit ist und sonst noch jemanden mitnehmen kann. Er beschließt, erst einmal unterschiedliche Modelle anzuschauen, und so geht er in verschiedene Autosalons, schaut sich die Angebote an und prüft ihre Besonderheiten. Zwar kann man, wenn man will, mit allen Modellen fahren, aber an jedem gibt es doch das eine oder andere zu bemängeln. Und so entschließt er sich, erst noch ein Jahr zu warten. Im folgenden Jahr macht er es genauso, und ebenso im dritten und im vierten. Dazwischen hat er sogar einen längeren Urlaub genommen, um auch in anderen Ländern die Angebote zu studieren. Doch all die Jahre ging er noch zu Fuß. Plötzlich wurde es ihm aber zu bunt. Jetzt mußte unbedingt ein Auto her, und sei es auch nicht mehr das neueste und beste. Er hatte es so eilig, eines zu kriegen, daß er bei Rot über eine Kreuzung laufen wollte. Ein Lastwagen versuchte noch zu bremsen, doch es war zu spät: Er fuhr ihn tot.

P.S. Der richtige Mann und die richtige Frau sind selten zu finden. Der gute Mann und die gute Frau sind für gewöhnlich genug.

Altersunterschied

27.5.86

Mit 37 ist der Altersunterschied noch nicht so, daß eine Beziehung gefährdet ist – die Allerjüngste wirst Du ja nicht nehmen wollen. Als Regel gilt: Wenn beide ihre Zukunft noch vor sich haben, gibt es für sie eine gemeinsame Basis. Wenn aber der eine Partner seine Zukunft schon hinter sich hat, der andere aber noch vor sich, dann ist der Konflikt vorprogrammiert. Dann fühlt sich der andere um seine Zukunft betrogen und rächt sich dafür. Das sieht man, wenn ein älterer Mann, der schon einmal verheiratet war und Kinder hat, eine junge Frau nimmt.

1.5.90

Was Deine Frage wegen des Altersunterschieds bei Partnern betrifft, nehme ich an, daß Du einen konkreten Fall im Auge hast. Konkret könnte ich Dir vielleicht Auskunft geben, allgemein ist das schwerer. Es macht auch einen Unterschied, ob es sich um eine Bindung fürs Leben oder nur um eine vorläufige und begrenzte Beziehung handelt.

Sich gegenseitig brauchen

29.7.86

Eine Partnerschaft und Ehe kommen zustande, wenn zwei sich gegenseitig brauchen und wenn sie das, was sie brauchen, vom anderen auch weitgehend bekommen.

Aus Deinem Brief ersehe ich, daß Du Deinen Mann zwar liebst, aber nicht brauchst, daß Du das, was Du brauchst, aus anderen Quellen beziehst und daß es daher für eine feste gegenseitige Bindung keine gemeinsame Grundlage gibt. Therapie kann hier nicht helfen. Die logische

Konsequenz wäre, was Dein Mann sowohl fürchtet wie anstrebt.

P.S. Wegen Tatsachen braucht man kein schlechtes Gewissen zu haben.

4.6.87

Du hast Dich manchmal so verhalten, als bräuchtest Du die Männer nicht. Nun achte sie, und laß sie innerlich frei. Zuerst Deinen Mann, dann auch Deinen Vater und noch den einen oder anderen Mann, der auch in Frage kommt. Mit dem Handeln halte Dich zurück, bis es sich fügt. So wie es ist, scheint mir, daß Stillehalten not tut. Doch sei wachsam, daß Du die Lücke siehst, wenn sie sich auftut.

Entwicklung in Beziehungen

26.7.84

Ich glaube nicht, daß sich die Beziehung in guter Weise auf eine Entscheidung »Ja oder Nein« reduzieren läßt. Dein Leben geht weiter

– eingebettet in Deine Bezüge –, und sein
Leben geht weiter – eingebunden in seine Bezüge. Diese Bezüge dürfen und müssen gültig
bleiben. Sie sind zu wichtig, als daß sie über-
gangen werden dürften. Das Neue darf hinzu-
kommen, was immer es sein mag, doch muß
es sich erst zeigen, nach geduldigem Warten,
so wie ein Gärtner schaut und wägt, bevor er
pflanzt oder ausreißt.
Mein Rat also ist: Tue, was Du sowieso tun
würdest, was Dir auch sonst entsprochen hätte,
und laß das Neue in der Ferne Dich begleiten
wie Hintergrundmusik. Bleibe dabei im Einklang mit dem Ganzen.

12.7.87

Beziehungen brauchen Entwicklung, und wenn
ein nötiger nächster Schritt verweigert wird,
zum Beispiel die Heirat, müssen sie verküm-
mern. Es gilt nun abzuwägen, ob die Beziehung
Zukunft hat, sich also noch weiterentwickeln
kann, und ob Ihr das wollt, oder ob sie sich
durch Euer Zögern erschöpft hat.

Partnerschaften in der Krise

9.2.80

Die meiste »Ehrlichkeit« ist Waffe und taugt daher nicht viel.

Da Du offensichtlich eine allzu große Nähe zu Deiner Frau nicht aushältst, soll sie Dir gestatten, daß Du bei jeder Äußerung der Zuneigung zu ihr eine kleine Einschränkung machst. Doch da dies ein Entgegenkommen ihrerseits ist, darf sie sich für jede Einschränkung, die Du machst, eine Kleinigkeit wünschen.

7.3.83

Auf der Ebene, auf der Du und Dein Mann miteinander reden und argumentieren, sind Gewinn und Verlust unerheblich, ebenso wie Rechthaben und Unrecht.

Stelle Dich darauf ein, daß sowohl das Zusammenbleiben wie auch eine Trennung weder gut ist noch schlimm, und weder ein Mißerfolg noch ein Erfolg.

Vielleicht liegt die Lösung in etwas, was schlicht ist, gewöhnlich und einfach.

P.S. Gib nicht so viel auf Deinen Mut.

5.6.84

Der Eindruck ist, daß Du aus der Ehe weggehst.
Eine Reihe Deiner geistigen Außenkontakte haben den Charakter von Nebenbeziehungen,
wenn auch zum Teil sehr versteckt.

Es gibt drei Lösungen.
Entweder Du stehst zu Deinem Mann mit allen
Konsequenzen, vor allem mit der Bereitschaft zu
geben,
oder Du trennst Dich von ihm mit allen Konsequenzen, zum Beispiel mit der Bereitschaft,
selbst für Dich zu sorgen,
oder Du stimmst bewußt der jetzigen Situation
zu, unter Anerkennung, daß Du Deinen Mann
in gewisser Weise ausnützt, und unter Verzicht
auf Vorwürfe gegen ihn.
Die letztere Lösung kommt noch am ehesten in
Frage.

Du darfst das von mir Geschriebene zurückweisen; es wird nur gültig, wenn es mit der innersten Wahrnehmung konform geht oder Dich
zumindest anregt, selbst genauer hinzuschauen.

Wissen, das über das hinausgeht, was zum Handeln nötig ist, lähmt das Handeln.

15.8.84

Ein Paar kann zusammenbleiben, wenn sich die Partner gegenseitig den eigenen Weg zugestehen und wenn ihre Wege nicht allzu verschieden sind.

Wenn die Richtungen auseinandergehen, so daß für die Zukunft die Gemeinsamkeit in Frage gestellt wird, kann es notwendig sein – um der Treue zum eigenen Wesen und zur eigenen Bestimmung willen –, auseinanderzugehen. Dabei braucht niemand schuldig sein. In einem solchen Fall nimmt man das Gute, das man vom Partner genommen hat, dankbar mit in die eigene Zukunft, und man erlaubt ihm, das Gute, das man ihm gegeben hat, in seine Zukunft mitzunehmen. Und man stellt sich dem Schmerz, den jede Trennung von einem wichtigen Partner mit sich bringt.

19.9.84

So, wie Du schreibst, scheint eine wichtige Instanz in Dir wahrzunehmen, daß die Beziehung keine Zukunft hat, während eine andere Instanz die erstere zu überreden sucht, daß ihre Wahrnehmung nicht stimmt. Das ist alles, was ich mich traue zu sagen.

5.9.85

Es gibt mehrere Möglichkeiten, um mit dem Problem, das Du genannt hast, fertig zu werden. Die eine ist, daß Du Dich auf Deinen Mann einstellst als Deinen Mann fürs Leben und daß Du andere Bindungen hinter Dir läßt, zum Beispiel die zu den Eltern. Eine andere Möglichkeit ist, daß Du Dich nicht nur frägst, was will ich für mich haben, sondern auch, was will ich ihm schenken. Allerdings ist zu bedenken, daß die Zeit der Schwangerschaft eine Zeit der Ausnahme ist, in der die Frau und ihre Bedürfnisse im Vordergrund stehen, so daß Ihr Euch erst dann neu zu orientieren braucht, wenn sie vorbei ist.

19.12.86

Manche Leute begreifen nur schwer, daß auch das, was sie heimlich denken und planen, wirksam wird in einem System, vor allem wenn es gleichzeitig im Widerspruch steht zu dem, was sie sagen und tun.

5.5.87

Dein Partner gibt Dir ein deutliches Signal, daß
er sich nicht für Dich entscheiden will, und es ist
gut, wenn Du das ernst nimmst. Doch genieße
die Beziehung, solange sie dauert.

11.6.87

Als erstes gilt es, darauf zu vertrauen, daß sich
manches wie von selbst zum Guten fügt, wenn
man stillhält, zum Beispiel indem Du innerlich
Deinen Mann freigibst, ebenso Deinen Sohn.
Wenn Du so in Dir stille bleibst, kann sich in
ihnen eine gute Kraft entfalten.

14.10.87

Beziehungen sind erfolgreich zwischen Menschen, wie sie sind, nicht wie sie sein sollen.

10.11.87

Nimm die Bemerkung Deines Mannes, daß er
Dich nicht mehr liebt, ernst und reiche von Dir
aus die Scheidung ein. Sich eine Wohnung su-

chen und ausziehen muß in erster Linie er. Nur wenn er sich weigert, unternimm Du das.

2.12.87

Sehr viele Beziehungen von Frau zu Mann laufen nach dem Muster Tochter zu Mutter ab, zum Beispiel, wenn die Frau auf den Mann eine Wut hat, die sie ursprünglich als Kind auf die Mutter hatte. Die Wut und der Haß gegen die Mutter entstehen oft, wenn eine Hinbewegung des Kindes zu ihr unterbrochen oder verhindert wurde. Deine Schilderung würde das für Dich bestätigen. Die Lösung besteht darin, daß Du – gleichsam als Kind – noch einmal diese Hinbewegung aufnimmst (ein innerer Prozeß) und sie trotz der Erinnerung und der Furcht ans Ziel kommen läßt. Bleibe geduldig, bis sie gelingt.

19.1.88

Der Vorwurf Deines Mannes wegen des »Fehltritts« ist über die Maßen und in dieser Form Heuchelei. Jeder hat das Recht auf ein paar Sünden.

21.1.88

Da ich Deine Partnerin nicht kenne und da es sich ja um allerpersönlichste Fragen handelt, darf ich nicht Stellung beziehen. Doch gebe ich mehr allgemeines zu bedenken:

1. Es ist heilsam, sich und dem anderen ein Versagen oder eine Schuld oder eine Verstrickung oder einen Irrtum zuzugestehen und beiden eine faire Chance zur Konfliktlösung zu geben.

2. Angesichts einer konkreten Schwangerschaft ist es wohl leichter, das Rauchen aufzugeben, als im Hinblick auf eine mögliche. Du würdest es ihr auch erleichtern, wenn sie sich in der ersten Zeit, gleichsam als Kompensation, von Dir auch Besonderes wünschen dürfte. Auch hilft vielleicht die Überlegung, daß Süchte entstehen, wenn jemand mehr von der Mutter als vom Vater genommen hat. Konkret könnte sie sich vorstellen, viele gute Dinge, zum Beispiel gute Bissen beim Essen, vom Vater zu nehmen. Ihr könntet Euch dafür gemeinsam auch ein lustiges Ritual überlegen.

3. Die Aufgabe, sich auf einen anderen Menschen mit unterschiedlicher Geschichte und Wahrnehmung und unterschiedlichen Zielen einzulassen, stellt sich bei jeder anderen Beziehung auch.

10.5.88

Gehe davon aus, daß Dir die Führung zukommt,
und gewinne Deine Frau durch eine Nachsicht,
die sich dennoch selbst bewahrt. Und forme Dir
ein Bild von Eurer gemeinsamen Zukunft, in
dem Deine und ihre Wünsche in Harmonie zusammenwirken. Stelle es Dir immer wieder in
allen Einzelheiten vor und traue, daß es wie ein
Vorbild die Verwirklichung nach sich zieht.

21.10.88

Das erste ist, daß Du nichts über Deinen Fehltritt
sagen darfst, sonst bürdest Du anderen die Last
auf, die Du selber tragen mußt.
Das zweite ist, daß so, wie Du die beiden Beziehungen abwägst, die eine deutlich überwiegt.
Die andere scheint nur schöner, weil Du sie ohne die Verpflichtung und Belastung erlebst, die
mit der vollen Sache verbunden sind.
Drittens, die neue Beziehung war für Dich
wichtig. Nimm sie daher als ein Geschenk.
Doch sie behält vielleicht ihren Wert nur, wenn
Du sie jetzt beschließt.

Glück auf Kosten anderer währt in der Regel
nur kurz.

6.5.89

So, wie Du schreibst, ist klar, daß Du entschie-
den bist, und ich kann und darf wohl keine Stellung dazu nehmen. Daß jede Entscheidung beides bringt, Gewinn und Verlust, weißt Du, und
ich sehe, Du bist bereit für beides.
Ich wünsche Dir, daß Du so handelst, daß es für
alle Beteiligten gut wird.

8.5.89

Lösungen sind schwer, wenn ich den anderen zu
sehr für das brauche, was in der Kindheit unerfüllt
war. Besser geht es, wenn beide auf ein gemeinsa-
mes Drittes schauen, zum Beispiel die Kinder.

9.5.89

Gönne Dir etwas Ruhe von der Liebe und bleibe eine Zeitlang allein. Wer zuviel geben will,
beschämt den anderen. Und wer zu hohen For-
derungen nachkommt, macht ihm das Zurückgeben unmöglich. Gewöhnliche Liebe ist am si-
chersten. Wo der andere eine Bedeutung ge-
winnt, wie sie zum Beispiel die Mutter für ein
Kind hat, so daß, wie für ein Kind, Glück und

Leben vom Besitz dieser Person und ihrer Zuwendung abhängig werden, ist die Wirklichkeit
verrückt.

19.5.89

Jetzt, wo Du auf weitere Versuche, ein Kind zu
bekommen, verzichtet hast, ist es wichtig, daß
Du Dich gemeinsam mit Deinem Mann dafür
engagierst, das Euch beide betrifft. Ein bewußter
Entschluß, Dich zum Beispiel in seinem Betrieb
zu engagieren, wäre ein solcher Schritt.

4.1.90

In der Situation, in der Dein Freund sich befin-
det, hat er eine besondere Beziehung und Verpflichtung zu seiner Mutter. Es wird Dir leichter
fallen, das anzuerkennen, wenn Du in ihm auch
seine Mutter achtest und ehrst.

1.3.90

Vielleicht ist es notwendig, daß Ihr beide an den
Punkt zurückgeht, an dem Eure Wege sich
trennten, um von da aus den Weg gemeinsam
weiterzugehen.

5.5.90

Wenn es in einer Beziehung oder in einer Familie Probleme gibt, dürfen die Partner oder Eltern
nur im äußersten Fall Hilfe von außen suchen,
und auch dann nur für kurze Zeit. Sonst ent-
mündigen sie sich, und das kann ihrer Beziehung nur schaden. Ihr seid da offensichtlich viel
zu weit gegangen. Es stimmt zwar, daß viele
Probleme in der Vergangenheit ihre Wurzeln
haben, oft wird jedoch in der Vergangenheit ge-
sucht, was, wenn man hinschaut, nur in der Gegenwart gelöst werden kann. Mir scheint, daß
Du viele Signale, die Deine Frau Dir gibt, einfach nicht wahrhaben willst.
Ihr müßt gemeinsam prüfen, ob jeder für sich
die Beziehung noch will, und wenn der eine
nicht mehr will, muß der andere ihn gehen lassen. Jedes Festhaltenwollen kann nur schaden.
Oft scheut man sich, der Wahrheit ins Auge zu
sehen, weil man den Schmerz über den Verlust
fürchtet. Lieber sucht man dann nach Ursachen
und nach Schuld bei sich und beim andern. Aber
Beziehungen gehen zu Ende, ohne daß jemand
böse oder schuldig war. Wenn man sich dem
Schmerz stellt und so eine Trennung im wahr-
sten Sinn des Wortes verschmerzt, gibt es einen
Neubeginn, und die Partner können, was noch
zu regeln ist, fair miteinander aushandeln.

8.5.90

Auch wenn es so ist, daß vieles, was in der Vergangenheit noch unerledigt blieb, die Zukunft mit bestimmt, so führt doch der Blick zurück, wenn er zu lange dauert, an dem vorbei, was in der Zukunft möglich wäre und fällig. Der Fluß bezieht die Kraft zum Fließen eben nicht nur aus der Quelle, sondern auch aus dem Gefälle hin zu seinem Ziel.

22.10.90

Ich gebe Dir ein Bild. Stelle Dich mit Deinem Herzen zwischen Vater und Mutter und vor Deine Frau und Deine Kinder und laß es schlagen im Einklang mit allen.

8.12.90

Viele Probleme entstehen durch ihre Beschreibung, und sie werden durch die wiederholte Beschreibung aufrechterhalten. Eine Beschreibung, die zur Abwertung führt, ist schon deswegen falsch. Die richtige Deutung, die hilft, ist immer ehrenwert.

6.2.91

Finde Dich damit ab, daß die Beziehung keine Chance hat. Schöpfe sie aber aus, solange sie dauert.

11.3.91

Zweierlei scheint mir angebracht:

1. daß Du Deinem Partner gegenüber würdigst, daß er Dich heiraten und auch noch ein zweites Kind mit Dir will;
2. daß Du klar Deiner Familie die Priorität vor Deiner Arbeit gibst.

Wenn Du ihm Bedingungen für die Heirat setzt, ist die Chance geringer, daß er sich ändert, als wenn Du ihm erlaubst, daß er es zu seiner Zeit aus Liebe zu Dir tun darf.

18.10.91

Es gibt Probleme in einer Beziehung, die einseitig bedingt sind. In diesem Fall hilft es, wenn der andere eine Zeitlang sich verhält, als wache er am Bett eines Kranken, ohne aber einzugreifen.

Gegensätzliche Gewissen

14.2.89

Das Gewissen ist bei jedem Menschen anders, da es sich nach dem richtet, was in der Ursprungs-familie gilt. Daher können zwei sich Schlimmes antun, und doch hat jeder ein gutes Gewissen dabei. Sie sind verstrickt, und es nützt nichts, nach einem Schuldigen zu suchen, weil es im Grunde keinen gibt.

Es können aber auch zwei, wenn ihr Gewissen übereinstimmt, zur gleichen Zeit sich guten Ge-wissens Gutes tun und gemeinsam glücklich sein. Am Ende muß sich jeder für das entschei-den, was ihm die eigene, die ihm gemäße Ent-wicklung möglich macht. Daher müssen die Weichen manchmal neu gestellt werden, doch ohne daß man einen Kampf oder gar Krieg be-ginnt, sondern mit gesammelter Entschlossen-heit.

Schuld und Verstrickung

19.12.82

Oft ist es mit großer Enttäuschung verbunden, herauszufinden, daß auch gute und unschuldige Taten Folgen haben, die bitter sind. Es wäre dann leichter, wenn sich ein Schuldiger fände, und sei es die eigene Person, bei dem man den Grund suchen könnte, obwohl es vielleicht gar keinen erkennbaren gibt.

Ich kann in Ihrem Fall nicht erkennen, daß einer der drei Beteiligten an einem anderen schuldig wurde, und doch war das Ergebnis für alle drei schmerzlich; für jeden hatte es eine Konsequenz, die bitter war. Man kann sich dagegen wehren, als könnte man sich wehren, oder man kann sich wehren, indem man sich nicht mehr wehrt.

18.5.90

Manchmal berufen sich Leute auf mich, wenn sie Entscheidungen treffen, für die sie selbst die Schuld nicht auf sich nehmen wollen, und sie zitieren Sätze von mir, die so von mir weder gesagt noch gemeint sind. Das gilt auch von dem Satz, den Du erwähnt hast.

Ein anderes, auf das ich Dich hinweisen möchte, ist, daß Beziehungen auseinandergehen können, ohne daß einer oder beide anders hätten sein und handeln können, als es der Fall war, denn jeder ist auf seine Weise gebunden oder verstrickt, und daher hängen viele Änderungen auch nicht von unserem guten Willen ab. Wir müssen uns dem fügen, was sich ergibt, und erleben dann, so wie es Dir ergangen ist, daß vieles sich doch noch zum Guten wendet.

Eifersucht

5.9.85

Zur Eifersucht. Frage Dich zuerst, ob er für Dich der richtige Partner ist, einer fürs Leben. Wenn nicht, brauchst Du Dir wegen der Eifersucht nichts vorzuwerfen. Du rechnest dann ja sowieso nicht damit, daß Du ihn behalten wirst oder willst.

Wenn er doch der richtige ist, frage Dich, ob Du bereit bist, Dich ihm als ebenbürtig zuzumuten. Wenn Du Dich klein gemacht hast, werde so groß wie er.

Wenn er Dir wirklich nicht treu ist, dann laß ihn fahren. Treue ist ein hohes, wichtiges Gut, und Du hast ein Recht darauf, wenn Du ihn willst fürs Leben, vorausgesetzt, daß auch Du zur Treue bereit bist.

Treue und Untreue

14.7.88

Was vor vier Jahren geschah, steht, soviel ich sehen kann, außerhalb dessen, was jetzt zählt. Damals wart Ihr weder verheiratet, noch war es sicher, ob Ihr heiraten wolltet. Was zählt, ist, was Du ihr von der anderen Beziehung gesagt hast, wohlwissend, daß es sie verletzen würde. Das Sagen müßte sie vor allem vergeben, nicht nur das Tun.

Im übrigen gilt, wenn es nicht bald gelingt, daß Ihr Euch einen neuen Anfang zugesteht, daß es wohl besser ist, wenn Ihr Euch trennt und Ihr beide neu beginnt.

25.1.91

Vielleicht hilft es, sollte der Mann von der Liebesbeziehung seiner Frau zu seinem Bruder erfahren, daß sie ihm sagt: »Du hast mir sehr gefehlt.« Wenn er es aber nicht erfährt, soll sie es vorbei sein lassen.

22.1.92

Du hast viele Fragen, die nicht eindeutig beantwortet werden können, weil es sich bei der
Treue um einen Konflikt handelt, bei dem unterschiedliche Werte zugleich um Beachtung
ringen. Daher kann die Treue, obwohl sie gut
ist, auch schlimm sein, und die Untreue, obwohl
wir sie gerne verurteilen, kann manchmal angebracht, ja notwendig sein.

Wenn ein Partner den anderen nicht mehr von
gleich zu gleich liebt und achtet und begehrt,
sondern sich eher wie Vater oder Mutter verhält,
strebt der andere zu einem Geliebten oder einer
Geliebten, um das Gleich-zu-Gleich, das ihm
verlorenging, wiederzufinden. Wenn umgekehrt einem Partner die Trennung von den Eltern nicht geglückt ist, sucht er außerhalb der
Partnerschaft von gleich zu gleich bei einem Geliebten oder einer Geliebten den vermißten Vater oder die vermißte Mutter. Oft ist dann dieser
Partner wesentlich älter oder jünger.

Besonders schwierig wird es, wenn jemand außerhalb der Partnerschaft einen anderen nicht
nur begehrt, sondern ihn unausweichlich liebt.

Trennung

23.1.85

Du bist mit Deinem Freund reingefallen. Nun ist es wichtig, daß Du die Verantwortung dafür und die Konsequenzen selbst übernimmst und daß Du sie nicht ihm zuschiebst, zumal es sich ja um einen gestörten Menschen zu handeln scheint. Daher verzichte auf die Rechtfertigung beziehungsweise die Rache. Dann erst bist Du wieder frei.

4.11.85

Aus Deinem Brief wird deutlich, daß Dein Entschluß, Dich von Deinem Mann zu trennen, feststeht. Daher beziehen sich meine Bemerkungen auf diesen Hintergrund.

Wichtig bei einer Trennung ist, daß es keinen Schuldigen geben muß. Es ist daher müßig, bei sich oder beim anderen nach Gründen zu suchen. Es genügt festzustellen, daß die Beziehung keine Zukunft hat. Die angegebenen Gründe sind in der Regel vorgeschoben und werden der Komplexität der Prozesse und der jeweiligen Loyalitäten nicht gerecht. Daher ist es besser, von vornherein auf Schuldzuweisung zu verzichten. Dann braucht man auch niemandem unnötig weh zu tun.

Die Trennung ist ein schmerzlicher Prozeß. Manche warten damit, bis sie genug gelitten haben, um sich damit sozusagen das Recht für die Trennung zu erkaufen. Aber das macht alles nur noch schlimmer. Trennung bedeutet auch, daß beide Partner die Chance eines neuen Anfangs haben. Der »Unschuldige« verweigert manchmal dem »Schuldigen« den neuen Anfang, um ihn nicht zu entlasten. Das wird dann aber zu einer Belastung für beide. Besser ist es, wenn jeder vom anderen nimmt und behält, was der ihm geschenkt hat. Für die Trennung bedeutet das aber, daß jeder jene Anteile des anderen, die dieser bisher in der Beziehung besonders zur Geltung gebracht hat, nun selber in sich entwikkelt beziehungsweise sie wie ein Geschenk des anderen mit in seine Zukunft nimmt. Und jeder nimmt seinen Teil der Verantwortung auf sich. Das heißt, er ist bereit, für die Folgen seines Tuns geradezustehen, ohne daß er dem anderen mehr aufbürdet und zumutet, als notwendig und richtig ist.

Eine Trennung bedeutet bei gläubigen Katholiken auch eine Auseinandersetzung religiöser Art, die eigene Prozesse in Gang bringt. Man, muß wissen, ob man dem gewachsen ist.

Wichtig ist auch eine faire finanzielle Regelung, wobei der Teil, der aktiv die Trennung will, auch zu größerem Verzicht bereit sein muß.

15.12.86

Trösten kann ich Dich nicht. Du hattest Dich auf etwas eingelassen, was keine Zukunft hatte. Wenn Du dem nachtrauerst, bleibt Dir die Illusion des »Hätte ich doch ...« Du kannst den Folgen auch zustimmen. Dann bist Du frei für Neues.

15.12.86

Wer sich entwickeln will, braucht sein eigenes Territorium. Also löse Dich aus der Abhängigkeit, indem Du durch Zurückgeben ausgleichst. Wenn Du nicht zurückgeben darfst, danke durch Nehmen.

24.11.87

Stimme zu, daß die gegenwärtige Situation auch eine Folge Deines Handelns ist, und gestehe Deinem Mann zu, daß sein Gehen für ihn notwendig und richtig ist. So findest Du Frieden.

Allerdings bleibt für Euch beide, daß Ihr dem Schmerz der Trennung zustimmt. Wenn Ihr Euch diesem Schmerz stellt, verrauchen der Zorn und die Vorwürfe.

2.5.88

Wenn Dir jemand sagt, daß er ohne Dich nicht leben kann oder daß er sich umbringe, wenn Du nicht bei ihm bleibst, dann bleibt als einzige Lösung die sofortige Trennung.

In einer Situation wie der Eurigen Hilfe bei Psychotherapeuten zu suchen, schwächt die eigene Wahrnehmung und Verantwortung. Also traue Deiner Wahrnehmung und handle so schnell wie möglich.

Trauern und Abschied

27.8.84

Du hast richtig gehandelt, daß Du Dich nicht auf Halbes eingelassen hast. Um den Schmerz der Ablösung kommst Du aber nicht herum. Das gelingt am leichtesten, wenn Du das Gute, das Du von Deinem Partner bekommen hast, dankbar annimmst und behältst und wenn Du die Verantwortung übernimmst für Deinen Teil, zum Beispiel, daß Du Dich mit ihm eingelassen hast, obwohl Du wußtest, daß für eine Ehe keine Aussicht bestand. Fällig ist nun der nächste Schritt in der Realität, zum Beispiel Wegziehen in eine andere Stadt und eine neue Stelle im Berufsleben.

4.10.86

Dein Brief hat angedeutet, was jetzt fällig ist: das Trauern und der Abschied. Denn weiter führt jetzt der getrennte Weg.
Die Trennung wird erleichtert, wenn das, was wertvoll war und schön, wie ein Geschenk genommen und behalten wird, und wenn man weiß, daß jede Beziehung, so wichtig sie auch

43

war, ein Ende findet. Manchmal ist dieses Ende erst der Tod, doch oft muß diese Trennung früher sein, weil die Beziehung an ihr Ziel gekommen ist und jetzt für Neues Platz zu machen hat.

18.10.86

Schmerzen entstehen, wenn die Zustimmung verweigert wird zu dem, was war, als etwas, das vorbei sein muß, und zu dem, was weiterführt.

15.7.87

Nach vorne geht der Weg. Was zurückliegt, kann nur wirken, wenn es im Weitergehen aufgehoben ist.

11.7.89

Gehe davon aus, daß die Beziehung vorbei ist, doch behalte für Dich, was schön war. Du willst, was er schon hat. Was für Dich Zukunft wäre, ist für ihn bereits Vergangenheit. Da es sich hier um eine alltägliche menschliche Situation handelt, würde Therapie eher schwächen als stärken.

13.12.89

In Deiner gegenwärtigen Lage braucht es den Mut zur Trauer. Die Suche nach eigener oder fremder Schuld wirkt wie ein Ersatz für den gemäßen Schmerz. Beziehungen enden, ohne daß jemand böse ist. Meist ist nur jeder auf seine Weise verstrickt. Je tiefer und je länger eine Beziehung bestanden hat, desto heftiger der Schmerz. Wer sich diesem Schmerz hemmungslos überläßt, der kann die Trennung verschmerzen und wird dann frei für Neues. Er kann danach ohne Groll den anderen lassen, ja mit ihm fühlen. Dieser Schmerz ist wie Sterben und Auferstehen.

Vergebliche Wiederbegegnung

3.3.84

Zu Deiner Frage, ob Du in der Annahme fehlgehst, ich hätte seit der damaligen Ehepaarsitzung die Hoffnung aufgegeben, Deine Frau könnte noch einmal zu Dir zurückfinden, möchte ich antworten: »Ja.« Ich hatte damals von Euch den Auftrag, Hilfestellung zu einer Wiederbegegnung zu leisten, und darum habe ich mich auch bemüht, soweit und solange das möglich erschien. Daß sich nun doch eine andere Lösung abzeichnet, braucht das Gute von Eurer und meiner Bemühung von damals nicht zu schmälern.

Intimes und das Leid als Rache

7.7.92

Was intim war in Deiner Beziehung zu ihr, das muß es auch bleiben, auch darf Dein Leid nicht zur Rache werden an ihr. Sonst zerbricht etwas in Deiner Seele. Spare die Kraft des Ausdrucks für etwas, das andere heilend berührt.

Geben und Nehmen

26.1.83

Im allgemeinen hat jeder so viel Kapital, daß er es gar nicht aufbrauchen kann. Was macht es da schon, wenn etwas davon beim Teufel bleibt. Vielleicht liegt es dort gut verzinst.

29.9.84

Einen Ausweg für Euch, der brieflich zu vermitteln wäre, sehe ich nicht. Der Anschein ist, daß Sex nur als Aufhänger dient für einen anderen Konflikt, zum Beispiel, daß Ihr Euch gegenseitig nicht genommen habt, und daß hier zuerst etwas zu sagen wäre und zu tun.

Eine Möglichkeit ist, daß jeder dem anderen in einem längeren Gespräch in ruhiger Atmosphäre direkt sagt, was er in der Partnerschaft geben und nehmen möchte, doch nur von seinem Standpunkt aus, ohne auf das, was der andere sagt, Bezug zu nehmen. Dann, in einem zweiten Anlauf, könnt Ihr gemeinsam überlegen, auf welche Weise Ihr die Wünsche von Euch beiden optimal erfüllen könnt und wie Geben und Nehmen ausgeglichen wird.

Anschließend kann sich jeder immer noch frei
fühlen, dem anderen, gleichsam als persönliches
Geschenk seiner Liebe, ein bißchen mehr zu
geben als vereinbart war.

26.2.85

Du willst etwas Halbes und bekommst es auch.
Mehr ist für Nehmer nicht drin.

Zustimmung zum Preis

22.5.91

Ich freue mich, daß es trotz des Preises, der Dir
abverlangt wurde, gut ausgegangen ist. Manchmal können wir, was gut gegangen ist, nur würdigen, wenn wir den Preis bejahen. Das fügt
dem, was wir haben, etwas Wichtiges hinzu.
Wenn wir den Preis bereuen, verlieren wir vielleicht auch etwas von der Gabe.

Die Liebe

14.7.84

Es gibt eine Liebe, die will und muß besitzen, weil sich bei ihr die Überlebensfrage stellt. Sie gehört zur menschlichen Entwicklung und ist legitim. Und es gibt eine Liebe, die erst besitzt und die dann gehen läßt zur rechten Zeit. So lassen Eltern ihre Kinder ziehen, Kinder ihre Eltern und auch Partner ihre Partner, wenn die Zeit dafür gekommen ist. Und es gibt eine Liebe, die den Verzicht von Anfang an mit einschließt, ja die nur dadurch möglich wird.

Ohne Datum

Es gibt eine Zuwendung, die sich hineinstürzt, und eine, die nicht sofort eingreifen will, eine Zuwendung oder Liebe höherer Ordnung. Nicht daß die eine besser als die andere wäre; beide haben ihren Platz und ihre Zeit. Die Zuwendung höherer Ordnung braucht als Grundlage das Wohlwollen aus einer gewissen Distanz, ein den anderen oder das andere Seinlassen. In der Regel gibt es diese Art Zuwendung nicht ohne die Erfahrung der anderen, der direkten, konkreten Zuwendung. Umgekehrt fehlt der direkten Zuwendung oft die Kraft und die Ausdauer ohne die Zuwendung höherer Ordnung.

Dein Schmerz über die vielen nicht gelebten Jahre ist berechtigt. Wenn Du ihm Ausdruck gibst – allerdings ohne andere damit zu belasten –, wirst Du vielleicht erfahren, daß er tief nach innen reicht und Dich im Innersten heilen kann, so daß Du die Gegenwart um so kostbarer erlebst.

Ein wichtiger Punkt steht bei Dir vielleicht noch aus. Es ist das Annehmen der Mutter und Deiner tiefen Liebe zu ihr.

Wer auf dem Gipfel steht, bleibt nicht auf Dauer oben. Er geht wieder ins Tal, besteigt dazwischen kleinere Berge und wird mit der Zeit sowohl mit der Höhe, der Tiefe und der Mitte vertraut.

27.1.88

So viel Liebe trägt ihren Lohn und ihren Wert in sich, so wie die Quelle ihren Lohn und ihren Wert im Strömen hat, was immer andere auch mit dem Wasser tun.

Wenn Du Dich auch dem Schmerz der Trennung stellst, wie Du es mit der Liebe bereit warst zu tun, bleiben Dir Gewinn und Wert und Kraft.

Für die Zukunft noch ein Hinweis. Liebe ist auch ein Börsenspiel, bei dem die Aktienkurse schwanken, und man muß viel wagen, wenn man dort gewinnen will. Doch hat ein Schlaumeier – übrigens ein Pfarrer, der sonst von Börsen keine Ahnung hat – beobachtet, daß Aktien, die steigen, meist weiter steigen, und Aktien, die fallen, meist weiter fallen.

24.5.89

Wenn die Quelle fließt, wird alles um sie fruchtbar.

28.8.90

Nur was wir lieben, gibt uns frei.

10.12.92

Ich sehe, Du leidest süß. So leiden viele am süßen Himmel.

Religion und Liebe

Gutachten über einen Antrag auf Befreiung von
der Zölibatsverpflichtung:

25.3.84

Es kann davon ausgegangen werden, daß Herr
N.N. in gutem Glauben die Zölibatsverpflichtung auf sich genommen hat und daß er damals
in seinem Verhalten seinen Vorgesetzten keinen
Anlaß gegeben hat, eine Zölibatsunfähigkeit bei
ihm zu vermuten.

Die durch die Abwesenheit des Vaters bedingte
unbewußte Übernahme der in der Familie feh-
lenden Partnerrolle hat zu einer intensiven Fixierung an die Mutter geführt, die später durch
die Übernahme der Zölibatsverpflichtung unbe-
wußt auf den kirchlichen Bereich verschoben
wurde und dann jene starken Energien mobili-
siert hat, die vom Betroffenen selbst wie auch
von seinen Vorgesetzten als besonderer Eifer
mißverstanden werden konnten.

Eine auf Dauer zu verantwortende Übernahme
der Zölibatsverpflichtung stößt aber an mora-
lisch kaum noch zu rechtfertigende Grenzen,
wenn im Laufe der psychischen Entwicklung
diese Fixierung erkannt wird und ihre Lösung als

sittliche Aufgabe nicht mehr umgangen werden kann. Als die eigentliche Problematik erscheint nun, daß auch eine in gutem Glauben getroffene Entscheidung im Laufe der psychischen Entwicklung durch Einsicht in die bisher verdrängte Dynamik für die Zukunft sittlich nicht mehr vertretbar erscheint. Der Ausweg, die damalige Entscheidung als sittlich unzulänglich oder unzulässig und deswegen als schon damals unverbindlich ansehen zu wollen, würde als Zumutung empfunden werden, da dies dem subjektiven Gefühl widerspricht.

Das Dilemma, das sich daraus ergibt, kann nur dann in Übereinstimmung mit der inneren Wahrhaftigkeit gelöst werden, wenn sowohl der alten wie der neuen Entscheidung die sittliche Relevanz nicht verweigert wird.

6.5.89

Die Interviewfragen über Liebesverbote und über Leibfeindlichkeit, Geschlechtsangst und Zölibat, die Sie mir vorgelegt haben, implizieren zum Teil schon die Antworten, sowohl was die Ursachen als auch was die Lösung der geschilderten Probleme betrifft, und lassen mir daher nur wenig Spielraum.

Nach meiner Beobachtung hat sich das Konzept der einschränkenden Botschaften beziehungsweise der Erlaubnisse, die diese wieder aufheben sollen, in der Praxis nicht bewährt. Die stille Erwartung, daß eine Aufhebung des Verbots den Weg frei mache, überträgt die Verantwortung gerade denen, von denen man sich befreien müßte, und schafft so eine neue Abhängigkeit.

Man kann beobachten, daß Männer, die im Bannkreis ihrer Mütter stehen, gegenüber anderen Frauen oft rücksichtslos und uneinfühlsam sind. Rücksicht würden sie lernen, wenn sie aus dem Bannkreis der Mutter in den Bannkreis des Vaters treten würden. Desgleichen haben Frauen, die im Bannkreis ihres Vaters bleiben, für andere Männer wenig Achtung. Auch hier wäre die Lösung, daß sie sich zu ihrer Mutter stellen.

Zur Liebe gehört, daß man die Ausgeklammerten und die Verteufelten achtet und ihnen, ohne sie ändern zu wollen, Mitgefühl entgegenbringt. Dadurch befreie ich mich von der Identifizierung mit ihnen. Würde ich den Kampf gegen sie gewinnen, wäre ich ihnen ähnlich geworden. Das Schaf überwindet den Hirten und seine Ansprüche nicht, indem es gegen ihn kämpft, sondern schlicht, wenn es geht.

Nun habe ich Ihre Interviewfragen zwar nicht beantwortet, aber doch Stellung bezogen, und dabei möchte ich es belassen.

11.4.92

Ich habe Dein Buch mit sehr viel Gewinn gelesen. Mir kommt dabei im Anschluß an Nietzsche der Satz in den Sinn: Gott ist tot, es lebe die Liebe. Es fällt auf, so wie die Religion gleichsam als Privatsache gesehen wird, geht es zunehmend auch mit der Liebe. Was aber in einer Beziehung wirkt, ist sehr viel mehr als nur Persönliches: ein In-die-Pflicht-genommen-Sein, ob wir es wollen und verstehen oder nicht.

Das Glück

16.10.82

Das Glück verkleidet sich manchmal, doch so, daß man es leicht erkennen kann, wenn man ihm begegnet. Manche Leute beschreiben das Glück, sogar solche, die ihm selbst noch nie begegnet sind. Sie meinen, nicht nur selber ganz genau zu wissen, wie das wirkliche Glück aussieht, sie schreiben sogar dicke Bücher, in denen andere nachlesen sollen, wie das wahre Glück aussehen muß. Andere machen sich nun mit diesen Büchern auf den Weg, damit sie, wenn das Glück ihnen wirklich begegnet, nachprüfen können, ob es auch das richtige sei. Was dabei herauskommt, kann man sich denken, denn das Glück läßt sich so etwas selten gefallen.

17.1.85

Mit dem Glück ist es wie mit einem Zug. Wenn er das richtige Gleis erwischt hat, fährt er und fährt und fährt.

18.6.88

Manche rennen so schnell nach dem Glück, daß
das Glück, das hinter ihnen her ist, sie nur mühsam erreichen und festhalten kann.

12.2.89

Dein Brief läßt keinen Zweifel, wo die Kraft für
Dich liegt und die Zukunft. Deine Astrologin-
nen kannst Du vergessen. Was von außen
kommt, kann hier nur stören.
Was die Vorgangsweise betrifft, mache es wie
der Gärtner mit einem Apfelbaum. Er wartet, bis
die Frucht schon fast von selber fällt. Dann hält
er seine Hand hin, und es reicht eine winzige
Bewegung.

25.11.89

Von manchem Baum schmeckt jeder Apfel süß.

12.3.93

Das späte Glück kommt voll.

Eltern und Kinder

Eltern und Kinder

5.3.83

Muttersein und Vatersein gehört zu den ursprünglichen Fähigkeiten des Menschen, und er ist von Natur her mit allem Notwendigen dafür ausgerüstet. Wer da seinem Instinkt und seinem Gefühl traut, kann kaum fehlgehen; wohl aber, wenn er sich den Kopf von anderen Leuten verdrehen läßt, die oft selbst gar keine Kinder haben.

In Südafrika habe ich einmal in einem Hotel beobachtet, wie ein junges, weißes Ehepaar Schwierigkeiten hatte mit einem etwa vierjährigen Sohn, der nicht zu plärren aufhören wollte. Die schwarzen Kellnerinnen, die dabeistanden, amüsierten sich − sie kennen keine Schwierigkeiten mit kleinen Kindern −, bis dann eine von ihnen hinging, den Jungen auf den Arm nahm, ihn ein bißchen schüttelte und ihn zufrieden seiner Mutter zurückgab.

4.1.88

Zu Deinem Sohn kann ich Dir keinen Rat geben. Doch mir ist manchmal folgendes aufgefal-
len: Wenn ich bei jemandem nicht wußte, was
zu tun war, oder wenn ich ihm gegenüber einen
Groll oder auch Furcht hatte, er könnte mir etwas antun oder mir schaden, dann hat es mir
geholfen, mir vorzustellen, ich gehe auf einen
Berg, immer höher hinauf und über das hinaus,
was mich gleichsam im Tal einengt und be-
drückt. Oben angekommen, habe ich einen
weiten Blick, der auch den anderen, in gebüh-
rend weiter Entfernung, mit einschließt. Und
ich kann ihm zustimmen und ihm trauen, daß
auch er einer guten inneren Führung nicht ent-
behrt. Merkwürdigerweise schien dann nicht
nur ich, sondern auch der andere verändert.

6.4.89

Überlasse es Deinem Sohn, wann er zu Dir
Kontakt haben will. Kinder brauchen die Eltern,
nicht umgekehrt. Wenn Du aber so tust, als
bräuchtest Du ihn, gibst Du ihm Macht über
Dich, die weder für ihn noch für Dich gut ist.
Wer im Recht ist, kann warten.

24.5.89

Was Deinen Sohn betrifft, laß ihn spüren, daß Du Dich freust, wenn er sich neben seinen Vater stellt und zu ihm aufschaut.

29.5.92

Ich meine, Sie können sich ersparen, Ihren Kindern deren Sorgen abzunehmen und sich deren Vorwürfe zu eigen zu machen. Jeder ist, wo immer er auch aufwächst, eingeengt, sei es durch sogenanntes Autoritäres, sei es durch das nicht weniger autoritäre Antiautoritäre, oder was immer es sein mag. Doch jeder hat die Möglichkeit, sich später eigenständig zu entwickeln, wie der Brief Ihres Sohnes eindrucksvoll zeigt. Doch leider hilft zur Einsicht oft nur das Leid.
Auffällig für mich ist allerdings, daß sich der Streit an der Mutter entzündet und daß der Vater ausgeklammert bleibt. Vielleicht liegt dort der heiße Brei.

16.6.92

Manchmal müssen Kinder etwas nachholen, wie wenn jemand auf der Wanderschaft irgendwo seinen Rock zurückgelassen hat, nochmal zurückgeht, um ihn zu holen, und dann getrost nach vorne weiterwandert. Er braucht ihn nicht nochmals zu holen. Im übrigen darf man auf die guten Kräfte vertrauen, besonders bei den eigenen Kindern.

17.7.92

Es ist berechtigt, daß Sie meinen, die grollende Distanz Ihres Sohnes sei für ihn ein Unglück. Nur steht es nicht in Ihrer Macht, es zu ändern; denn wie immer Sie sind oder sich verhalten, er kann sein, wie er will, und sich verhalten, wie er will. Es scheint leichter, die Eltern verändern zu wollen als sich selbst. Wenn dann die Eltern sich verändert haben, muß man sich selbst immer noch genau so verändern, als wenn sie es nicht gemacht hätten.

19.2.93

Größe braucht Grenze. Sie sind über die Grenze hinausgegangen. Eine Lösung wäre, wenn Sie in den Grenzen Ihres Vaters bleiben und sein Schicksal willig teilen.

Scheidung und Kinder

14.12.82

Scheidung bedeutet, daß die Partnerbeziehung aufgelöst wird, aber nicht die Elternbeziehung. Wenn Deine Frau die Scheidung will, ist es am besten, Du willigst ein. Rette dann wenigstens die Elternbeziehung.

24.5.86

Traue Deiner Einsicht, daß Dein Sohn bei Dir besser aufgehoben ist als bei Deiner Frau. Doch gehe ohne Kampf vor, nur mit der Überzeugung, daß Du das Richtige tust. Wenn es dann nicht genau so kommt, wie Du es gedacht hast, hast Du doch gut gehandelt. Denn Einfluß hast Du auf den Anfang, doch nur begrenzt auf den Ausgang. Vor allem darfst Du nicht Deiner Frau gegenüber als der bessere auftreten.
Was die von Dir beobachtete Identifizierung Deines Sohnes mit dem früheren Verlobten Deiner Frau betrifft, so kannst Du Deinem Sohn einfach sagen, daß er nichts mit ihm zu tun hat, sondern daß Du sein Vater bist und daß er Dich als Vater haben darf mit allen Konsequenzen.

14.8.86

Dein Sohn hat nicht nur seine Mutter, sondern auch seinen Vater als Vorbild, und Du mußt zustimmen, daß er auch ihn sich zum Vorbild nimmt. Du mußt ihn freigeben, wie Du seinen Vater freigegeben hast. Außerdem ist er jetzt erwachsen.

4.1.88

Dein Sohn weiß, was für ihn gut und fällig ist. Er muß zu seinem Vater. Auch wenn dieser rechtlich nicht das Sorgerecht hat, er hat es als Vater. Gestehe es ihm aus freien Stücken zu. Dann gewinnst Du auch Deinen Sohn. Dein jetziges Verhalten wird das Gegenteil von dem bewirken, was Du beabsichtigst. Dein Sohn ist nämlich im Recht. Er hat genauso viel Recht auf seinen Vater wie auf Dich.

2.8.89

Einvernehmen finden mit Eltern, die getrennt sind, kann man nur, wenn das kleine Kind in uns auf beide verzichtet und wenn das große Kind sie beide ehrt und dann in Frieden läßt.

20.2.93

Die Lösung wäre, daß Sie sich von Ihrem Mann
trennen und sich entschließen, für Ihre drei Kinder alleine zu sorgen. Die Verantwortung für das
Kind aus seiner ersten Ehe bleibt dann deutlich
bei ihm und seiner ersten Frau, beziehungsweise
bei deren Eltern und Verwandten.
Der Konflikt zwischen den beiden Töchtern aus
Ihrer ersten Ehe spiegelt den Konflikt zwischen
Ihnen und der ersten Frau Ihres Mannes und
wird von den Töchtern stellvertretend ausgetra-
gen. Dabei vertritt die ältere diese Frau. Deswegen konnte Ihnen auch das Festhalten mit ihr
nicht gelingen.

Krankes Kind

23.10.82

Ich bewundere Ihren und Ihrer Frau großen
Einsatz für Ihr krankes Kind. Sie müssen jedoch
bedenken, daß der übermenschliche Einsatz Ihr
Kind auch eher belasten als entlasten kann. Ein
Kind spürt, ob es am Leben bleiben kann oder
sterben muß oder ob ihm noch eine lange
Krankheit bevorsteht. Es braucht seine Eltern

in jedem Falle, was immer sein Schicksal sein wird.

Wenn die Eltern bereit sind, in jeder Lage dem Kind beizustehen, und wenn sie die innere Kraft aufbringen, in Demut jedem Schicksal zuzustimmen, was immer es auch sein mag, dann spürt das Kind Ruhe und Sicherheit, und mit dem Kind finden auch Sie die Kraft zum jeweils Möglichen und Nötigen.

Rivalität zwischen Geschwistern

28.5.88

Rivalität zwischen den Kindern entsteht, wenn einem Kind der ihm gebührende Rang streitig gemacht wird. Es ist daher wichtig, daß Eltern dem älteren Kind sagen, daß es das Erstgeborene ist und daß es daher auch zuerst kommt und gewisse Vorrechte genießt. Dem jüngeren Kind wird gesagt, daß es das jüngere ist und daß das ältere Vorrang hat. Erst auf dieser Grundlage kann man Versöhnung und Rücksichtnahme durchsetzen.

Kinder und Eltern

14.8.86

Mir fällt auf, daß Du Dich in der Berufsfrage vor allem nach dem Vater ausrichtest. Und was ist mit der Mutter?

Sollte Dein Vater Dir wieder zu nahe treten, kannst Du ihm sagen, wenn Du Deine Mutter damit entlasten würdest, seist Du zu allem bereit.

4.4.87

Du hast den Gedanken, daß Deine Mutter vielleicht mit Dir aus dem Leben scheiden wollte. Du kannst Dir aber auch vorstellen, daß sie Dich angeschaut hat und sich dann entschlossen hat: Ich bleibe.

Was die Säuglingsschwester betrifft, so hat sie für Deine Mutter und Dich eine wichtige Rolle gespielt, und sie verdient Anerkennung dafür. Daß sie Deinen Vater ebenfalls mochte, ist deutlich, und vieles von dem, was sie tat, tat sie vielleicht eher wegen ihm als wegen Deiner Mutter.

Vielleicht kannst Du das rückblickend verstehen. Im übrigen brauchst Du Dich darum nicht zu kümmern. Das haben die drei ja längst unter sich ausgemacht, einschließlich der Dinge, die sie lieber voreinander verschweigen.

Für Dich bleibt als Aufgabe, daß wenigstens Du klar zwischen dieser Säuglingsschwester und Deiner Mutter unterscheidest, indem Du ihr dankst für das, was sie für Dich getan hat, dann aber klar sagst: »Das ist meine Mutter, nur sie.«

5.5.87

Ein Kind bleibt unschuldig, was immer die Erwachsenen ihm antun. Was immer auch seine Verstrickung war, heil wird es nur, wenn es sich löst. Das weitere, genauere Wissen-Wollen führt weiter in die Verstrickung, statt daß es sie löst. Die Lösung verlangt sowohl den Verzicht auf die eigene Schuld wie auch auf Rache.

5.9.87

Vielleicht hilft es Deiner Freundin, wenn sie ihrem Vater zugesteht, daß er sein Leben und sein Ende so haben darf, wie es war. Und daß sie ihrer Mutter zugesteht, daß sie es dem Kind verbergen wollte. Ihre Aggression der Mutter gegenüber würde nur die Trauer über den Verlust verdecken und sie verhindern. In ihr aber liegt die Lösung.

30.10.87

Für Dich kommt zuerst die Lösung von der Mutter, dann die Lösung von der Freundin. Die Freundin erlaubt Dir die Fortsetzung der Bindung an die Mutter.

Ähnliches gilt für Arbeit und Ordnung. Mache beides genau so, wie es Deine Mutter sich gewünscht hätte.

Für Deine Schülerinnen bist Du Lehrerin, und nur die Lehrerin. Für das andere sind die Eltern oder Therapeuten zuständig.

10.11.87

Wenn Du merkst, daß Du in vielem Deiner Mutter folgst, stimme dem zu.

24.11.87

Der Todeswunsch eines Kindes gegenüber seinem Vater ist für das Kind nicht zu kontrollieren. Das Schlimme für das Kind ist, daß es solchen Wünschen magische Kraft zuschreibt. Aber, wie Du siehst, hatte Dein Wunsch ja keine Macht und braucht daher auch keine Sühne. Noch zu bedenken ist, daß Kinder solche Wünsche von anderen übernehmen, ohne daß sie es merken.

Wenn Väter oder Großväter mit ihren Söhnen oder Enkeln schmusen, wirkt sich das gut aus. Homosexuell werden sie eher, wenn die Mutter sie vom Vater oder Großvater trennt.

18.3.89

Das Gefühl, das Du in der Gruppe hattest, kannst Du in Verbindung bringen zu Deinem Gefühl gegenüber der Mutter. Denn auf eine Gruppe reagieren wir wie auf die Mutter. Darin läge dann auch die Lösung: in den Bereich der Mutter treten. Vielleicht kommt Deine Trauer auch daher, daß Dir die Mutter fehlt.

Sehnsucht hindert manchmal die Erfüllung und wird zu ihrem Ersatz. Um den Hunger zu stillen, genügt ein gutes Stück Brot. Es muß nicht unerschwinglicher Kaviar sein.

4.7.89

Die Antwort auf Deine Frage ist einfach. Schreibe Deinem Vater, daß Du ihm Unrecht getan hast und daß es Dir leid tut und daß Du, was immer er auch entscheidet, achten und respektieren wirst, weil er immer Dein Vater und Du immer sein Sohn bist.

30.11.89

Liebe und Mitleid sind angesagt. Deine Mutter und ihre Mutter und ihr Vater, alle sind sie in ihre Vergangenheit verstrickt, sehnen sich nach Liebe und trauen sich nicht, sie zu zeigen und zu nehmen. Nimm Deine Mutter, wenigstens in der Vorstellung, liebevoll in den Arm, stellvertretend für ihre Mutter. Das Platzen-Wollen wäre ein leidvoller Weg für alle.

3.7.90

Es steht Dir nicht zu, mit Deinem Vater über die Vergewaltigung Deiner Mutter zu reden. Daß aber das Schicksal Deiner Mutter Dich sehr bewegt und in vieler Hinsicht auch Deine Gefühle zu Männern und zu Partnerschaft beeinflußt, ist deutlich. Mein Vorschlag wäre, wenn Du einem Mann begegnest, stelle Dir vor, daß Du wie ein Kind neben Deiner Mutter stehst und mit ihr auf ihn schaust.

4.5.91

Laß Dich auch in Deine Nacht von der Mutter
menschlich begleiten. Gute Kräfte wirken überall, und ich wünsche Dir, daß sie Dich erreichen.

27.11.91

Du brauchst einen Schutzengel, und der wichtigste ist wohl Deine Mutter.
Ich weiß nicht, ob ich Dir das schon einmal
vorgeschlagen habe: Eine gute Übung wäre,
wenn Du Dir vorstellst, Du liegst neben Deiner
Mutter auf ihrem Krankenbett und schaust sie
mit Liebe an.

Unterbrochene Hinbewegung

Ohne Datum

Vieles von dem, was wir als Störung erleben, ist Folge einer unterbrochenen Hinbewegung, oft schon in früher Kindheit. Wut und Ärger stellen sich ein genau dort, wo die Hinbewegung aufhört und man, statt vorwärts, rechts oder links ausweicht und sich dann im Kreise dreht. Dann hilft es, auf den inneren Prozeß zu achten, bis man an den Punkt kommt, an dem die Hinbewegung stoppt. Statt nach rechts oder links oder rückwärts auszuweichen, bleibt man an dem Punkt stehen, schaut nach vorne und wartet, bis sich der nächste Schritt ergibt.

19.1.88

Mir scheint, die frühe Situation war entscheidend. Die Hinbewegung zur Mutter – die soziale Empfängnis – war nicht möglich. Dann wird die Sehnsucht zur Wut. Die Lösung: Du mußt hinter die Wut zurück an die Sehnsucht kommen und statt der Wut die Sehnsucht fühlen. Manchmal hilft da die Festhaltetherapie. Jemand muß Dich festhalten, auch wenn Du es nicht mehr aushältst, bis das Eis schmilzt und die Liebe sich wieder hervortraut. Das kann auch eine Freundin für Dich tun.

Die Großmutter ist eine gute Kraft. Ihr einen Grabstein zu setzen bringt Dir Segen.

Wenn wir verstrickt sind, wie Du durch Deine Wut, müssen wir zwar auch die Folgen tragen, aber Du darfst etwas milde zu Dir sein.

25.1.88

Therapeutisch gesehen kann die Lösung einer vergangenen Situation nur gelingen, wenn man selber durch Regression in diese Zeit zurückkehrt und wenn auch das Gegenüber – in Deinem Fall der Vater – regrediert gesehen wird, das heißt so, wie er damals war. Symbolische Lösungsversuche, also wenn beide in einem anderen Alter und in einer anderen Situation sind, bleiben notgedrungen hinter dem Eigentlichen zurück. Doch auch davon abgesehen ist jetzt der Abschied von der Kindheit fällig. Die Zukunft liegt vorne. Übrigens lassen sich viele Probleme dadurch lösen, daß man sich von ihnen abwendet.

Laß das aggressive Bild. Wähle ein besseres. Gute Bilder sind milde.

22.5.91

Die Gefühle, die Du schilderst, sind, so scheint
es mir, das Ergebnis einer unterbrochenen Hinbewegung, vielleicht zur Mutter. Wenn sie wie-
derkommen, hilft es, das Kind in Dir sanft bei
der Hand zu nehmen und es dorthin zu führen,
wohin sein Herz sich sehnt. Ein Satz, der dabei
helfen kann, lautet: »Mamma, ich gebe Dir die
Ehre.«

Ein Antwortbrief vom 2.6.92:

Ich weine in den Armen meiner Mutter. So
kommt Heilung. Dafür hast Du mir den Weg ge-
ebnet. Ich danke Dir.

Weggeben eines Kindes an kinderlose Verwandte

25.1.91

Wenn ein Kind an kinderlose Onkel oder Tanten gegeben wird, braucht es kein besonderer Schaden zu sein, zumal wenn es einer Tradition und einem Sippeninteresse entspricht. Solltest Du ein solches Kind in Therapie haben, so kannst Du ihm vorschlagen, seinen Eltern innerlich zu sagen: »Für euch tue ich es gerne.«

Nehmen der Eltern

27.5.86

Wirklich Frau wird das Mädchen in der Regel erst, wenn sie eigene Kinder hat. Vorher hat das Mädchenhafte seinen rechten Platz. Frauen, die es mehr zur Geliebten bringen als zur vollwertigen Partnerin, sind auf ihren Vater ausgerichtet und haben ihre Mutter ausgeklammert. Eine Veränderung ergibt sich, wenn die Frau ihre Mutter nimmt, als Ganzes, und ihr zustimmt.

Wie immer die Mutter in Wirklichkeit ist oder war, die Wirkung ist die gleiche – immer wohltuend und bereichernd.

27.5.86

Die rechte Heirat gelingt einem Mann in der Regel erst dann, wenn er seinen Vater als Vater genommen hat und ihm zustimmt, so wie er ist.

14.2.87

Kinder sind seltsam. Sie verstehen kaum, was zwischen ihren Eltern ist, deuten es anders, geben sich die Schuld, wo sie unschuldig sind, und halten sich für gut, wenn sie das Nehmen lassen.

7.4.90

Du unterscheidest beim Nehmen der Eltern das Gute und das Böse. Wenn jemand seine Eltern nimmt, kann er sie nur als Ganzes nehmen, wie sie sind, oder er kann sie überhaupt nicht nehmen. Das Elternsein ist unabhängig von der Moral und jenseits von Gut und Böse, und daher darf es damit auch nicht in Zusammenhang gebracht werden. Jede Beurteilung der Eltern, ob gut oder böse, so, als ob sie dadurch mehr oder weniger Eltern seien, ist anmaßend. Das Ergebnis, nämlich das Kind, stellt sich ja unabhängig vom Gutsein oder Bösesein der Eltern ein und begründet eine Bindung vor und jenseits jeder Moral.

Oft ist die Angst des Kindes, daß es so werden könnte wie die Eltern, eine Verleugnung der Realität, denn das Kind *ist* seine Eltern. Sie verkennt auch, daß das, was uns als böse bei ihnen erscheint, nur der Schatten ihres Lichtes ist, so daß das eine nicht ohne das andere zu haben ist.

In der Praxis kann man aber sehen, daß, wenn jemand seine Eltern als Ganzes nimmt, all ihr Gutes in ihn einfließt und daß das, was er an ihnen fürchtet oder ablehnt, draußen bleibt wie der bezahlte Preis.

Kinder und frühere Partner der Eltern

24.1.87

Eine frühere Frau des Vaters ist für dessen Tochter aus zweiter Ehe das bestimmende Vorbild. Die Lösung besteht darin, daß diese Tochter einerseits anerkennt, daß sie ihre Mutter dem Weichen dieser Frau verdankt. Andererseits muß sie sagen: »Das ist meine Mutter, und nur sie.«

2.2.87

Was Du schreibst, ist bedeutsam. Die Lösung liegt darin, daß Du innerlich sowohl der ersten Frau Deines Vaters wie auch ihrer Schwester sagst: Ich anerkenne, daß ihr für meine Mutter und mich Platz gemacht habt. Doch jetzt bin ich da, und ich habe gleiches Recht, da zu sein, wie alle anderen auch. Und mit euch habe ich direkt nichts zu tun. Ich bin nur das Kind, und ich nehme meinen Vater und meine Mutter, wie ich sie bekommen habe.

Vom Schicksal Deiner Mutter, ihrer Mutter und ihrer Stiefmutter kannst Du Dich auf ähnliche Weise absetzen. Dann hat jeder und jedes seinen Platz.

29.9.87

Das Problem mitsamt der Angst und der Verantwortung für seine Lösung muß dort bleiben, wo
es hingehört, also ganz und gar bei Deinem
Halbbruder. Für seine Mutter bist Du nicht die
Ansprechpartnerin, das wäre höchstens Dein
Vater. Bleibe daher in der Position der Schwester, nicht mehr, nicht weniger.

11.11.87

Beim Lesen Deines Briefes hatte ich den Eindruck, daß Du am ehesten Mutters unglückliche
Liebe nachahmst. Wenn schon, dann tue es bewußt und mit Liebe.

Lassen der Eltern

8.12.83

Um die Trennung von den Eltern und die Entscheidung für den eigenen Weg kommt keiner auf Dauer herum. Dabei ist es nicht nötig, ihnen böse zu sein. Böse sein ist oft Ersatz für wirkliches Handeln. Manchmal dient es auch der Verleugnung finanzieller Abhängigkeit und dem Vermeiden der Anerkennung für ihre Hilfe.

22.5.85

Frieden gibt es, wenn Nachbarn auf ihren Territorien bleiben, sich auf den eigenen entfalten und den Nachbarn die Entfaltung auf dem ihrigen zugestehen. Das heißt aber auch, daß man sich aktiv abgrenzt und zurücknimmt, wo es angebracht ist. Tue es da, wo es vor allem wichtig ist, mit Bezug auf Vater und Mutter. Im übrigen traue dem guten Engel in Dir.

29.3.86

Niemand hindert ein erwachsenes Kind, das zu tun, was es für sich gut findet und für sich erreichen will, auch nicht die Eltern. Sie können auch nichts dazu beitragen, selbst wenn sie es möchten. Dies von den Eltern zu erwarten, würde gerade jene Abhängigkeit festschreiben, denen die Kinder entrinnen wollen.
Unabhängigkeit und Glück können nicht geschenkt werden, denn die Voraussetzung dazu ist, daß der einzelne in sich ruht und die Kraft zum Handeln aus dem eigenen Selbst schöpft.

23.5.89

Mein Eindruck ist, daß Du Dich vor Deinen Eltern verneigen mußt, was immer ihr Schicksal. Daß Du also die Probleme dort liegen- und sein lassen mußt, wo sie sind und hingehören, nämlich bei Deinen Eltern. Ruhe ist also angesagt und Zurückhaltung und Verzicht. Und trage Dein Haupt hoch als Frau Deines Mannes und als Mutter Eurer Kinder.

2.1.91

Wenn die Trennung schwerfällt, dann entweder weil man unterlassen hat, was noch zu tun ist, zum Beispiel etwas nehmen oder für etwas danken oder etwas würdigen oder etwas in Ordnung bringen, oder weil anderweitig die rechte Zeit noch abzuwarten ist. Daher ist es gut, wenn Du getrost auf den rechten Zeitpunkt wartest, an dem sich dann, was vorher schwer erschien, leicht löst.

Familiengeheimnisse

19.12.86

Geheimnisse wirken, auch wenn sie verborgen scheinen. Offenheit und das Stehen zur Verantwortung sind immer noch das Einfachere und für alle Beteiligten das Beste. Vorläufig genügt vielleicht die Einsicht. Das Handeln kann folgen, wenn sich genügend Kraft gesammelt hat.

29.4.91

Familiengeheimnisse betreffen meist Verstorbene, denen das Andenken verweigert wurde. Verstorbene, die anerkannt und gewürdigt wurden, lassen die Lebenden in Ruhe.

4.7.92

Was Du über Deine verheimlichte Halbschwester herausgefunden hast, ist bedeutsam. Systemisch gesehen würde man davon ausgehen, daß Du die Gefühle, die Deine Halbschwester haben mußte – und ihr Schicksal –, über unbewußte

Identifizierung nachahmst. Diese Identifizierung wird aufgehoben, wenn die ausgeklammerte Schwester anerkannt und hereingenommen wird. Daher ist es wichtig, daß Du sie aufsuchst. Das Wichtigste allerdings ist, daß sie einen würdigen Platz in Deinem Herzen bekommt.

Mord in der Familie

Antwort an einen Therapeuten aus einem anderen Kulturkreis:

25.1.91

Wenn in einer Familie ein Mitglied ein anderes vorsätzlich umbringt, hat es in der Regel sein Recht auf Mitgliedschaft verspielt. Wenn es im Affekt geschah und es mehr ein Unglück als ein Mord war, ist bei unterschiedlichen Mitgliedern unterschiedlich vorzugehen.

Hättest Du es mit der schuldigen Großmutter zu tun, müßtest Du ihr helfen, den Schmerz über die Tat und das Schicksal des Kindes zu fühlen. Dabei mußt Du darauf achten, daß es nicht so sehr Selbstmitleid ist, als ein Schmerz, der das tote Kind ehrt und ihm wieder seinen Platz im Gedenken des Systems sichert.

Wenn Du mit einem der Geschwister des erschlagenen Kindes zu tun hast, muß es ebenfalls mit diesem Schmerz über das tote Geschwister trauern und ihm einen Platz in seinem Herzen geben. Eine Hilfe ist es manchmal, wenn das überlebende Kind seinem toten Geschwister eine Zeitlang die schönen Dinge der Welt zeigt und es dann, vielleicht nach einem Jahr, in Frieden läßt.

Oft haben solche Kinder auch ein Schuldgefühl, weil sie leben, während das Geschwister tot ist. Dann können sie dem toten Geschwister sagen: »Du bist tot. Ich lebe noch ein bißchen. Dann sterbe ich auch.« Das schafft Solidarität mit den Toten und bewahrt die Überlebenden den Toten gegenüber vor Anmaßung.

Bei »Kindereuthanasie« ist wahrscheinlich ähnlich zu verfahren, je nachdem ob Du mit der Mutter oder mit einem der Kinder zu tun hast. Es ist anzunehmen, daß sich der Tod der Geschwister auf die Lebenden so auswirkt, daß sie sich im Gefühl mit den Toten identifizieren und versuchen, Sühne zu leisten.

Schuld-Entlastung der Eltern

22.5.85

Du hast kein Recht, Deine Mutter zu entlasten. Du kannst davon ausgehen, daß sie nicht nur Dir gegenüber, sondern auch Deinem Vater gegenüber sich schuldig fühlt, aber nicht die Kraft hat, zu dieser Schuld und ihren Konsequenzen zu stehen. Du darfst es ihr gegenüber weder beschönigen noch verdrängen noch auf Dich nehmen. Du darfst es ihr auch nicht vorwerfen. Du mußt sie damit voll allein lassen. Eines aber ist notwendig: daß Du ihr zumutest, daß Dir Dein Vater wichtig und lieb ist und daß Du ihn als einen Teil von Dir und Deinem Leben anerkennst, was immer ihre Gefühle dabei sein mögen.

Streit um das Erbe

20.2.91

Streitigkeiten um das Erbe verdecken, daß keines der Kinder einen Anspruch darauf hat. Die Lösung für Dich wäre, daß Du innerlich anerkennst, daß Du so viel bekommen hast, daß es genügt, und daß Du Deinen Eltern zugestehst, daß sie mit dem, was sie haben, nach Belieben walten dürfen.

Du brauchst es aber niemand zu sagen, denn Du bist nicht dazu da, das Gewissen der anderen vordergründig zu erleichtern, wenn sie ihr Verhalten als ungerecht und unfair empfinden. So bleibt Deine Seele in doppelter Hinsicht frei und rein. Zudem hat, wer weniger auf das Erbe sieht, mehr Energie für eigenes Handeln und oft auch, wie immer man sich das erklären will, eine glücklichere Hand in der Verwaltung oder Mehrung dessen, was er hat.

Das Gute nehmen

26.1.88

Wenn jemand stirbt, dann gelingt uns die Trennung in der Regel nur, wenn wir von ihm etwas
Gutes übernehmen und behalten. Aus der Sicht
eines Kindes wird oft etwas Schweres und
Schmerzliches übernommen. Es wäre aber im
Sinn des anderen, wenn wir von ihm etwas
Kostbares, Lebensförderndes übernehmen.
Dann gelingt der Abschied auch leichter.
Auch wenn jemand, den wir lieben, sehr krank
ist, besteht die Neigung, ihn retten zu wollen
oder ihm sein Schicksal zu erleichtern, indem
man etwas davon selber übernimmt. Da heißt es,
demütig zu bleiben und sich dem Schicksal willig fügen.

28.5.88

Den Wert einer Übung sieht man an der Wirkung. Mein Vorschlag ist, daß Du noch einige
Zeit bei der Übung bleibst: »Liebe Mutti, ich bin
gerne so wie du.« Du kannst es aber ergänzen
durch: »Lieber Vati, ich bin gerne so wie die
Mutti.«

14.12.89

Die Bilder weisen Dich zu Deiner Mutter. Es ist leichter, sich Vorwürfe darüber zu machen, was man seiner Mutter vielleicht angetan hat, als das von ihr zu nehmen, wofür sie so viel gelitten hat. Das aber ist der Weg, der heilt. Er ist demütig. Sühnen wollen und sich Vorwürfe machen aber führt zur Anmaßung und fügt der Mutter Unrecht zu.

Ordnungen des Ausgleichs und Ordnungen der Liebe

11.12.91

Die Gesetze über den Ausgleich von Gewinn und Verlust, die Boszormenyi-Nagy aufstellt, sind weder unabänderlich, noch stimmen sie in jedem Fall. Wenn jemand zur Einsicht kommt, kann er die Ordnungen des Ausgleichs durch Ordnungen der Liebe ersetzen. Auf dieser höheren Ebene der Liebe vollzieht sich der Ausgleich statt durch Geben und Nehmen durch das Nehmen mit Liebe. Der Ausgleich erfolgt dann nicht durch Geben, sondern durch Achten und dankbare Würdigung.

Leib und Seele

Symptome in der Psychotherapie

30.8.83

Es ist deutlich, daß Du in Deinem Manuskript Zusammenhängen auf der Spur bist, und es steht mir nicht zu, aus einer anderen persönlichen und beruflichen Situation Adäquates dazu sagen zu wollen. Wenn ich trotzdem zu einigen Punkten Stellung nehme, dann mehr beiläufig wie in einem Gespräch, wo das eigene das andere nicht ersetzt, sondern es nur daneben gestellt wird als zusätzlicher Aspekt.

Der Mut zum Selbstzeugnis zeichnet die dialogische Situation aus. Dort hat es den richtigen Platz und ist entsprechend geschützt. Ein öffentlicher Vortrag kann auch eine dialogische Situation sein, aber nur in seltenen, besonderen Fällen wie zum Beispiel in Martin Luther Kings berühmter Rede »I had a dream.« Bei Deinem Manuskript ist mein Eindruck, daß Du die persönlichen Erfahrungen nicht sicher genug im Griff hast, um sie so darzustellen, daß andere über Deine Worte zu ähnlichen Erfahrungen kommen können. Dazu sind einige der mitgeteilten Erfahrungen auch zu bruchstückhaft dargestellt. Sie lösen eher Angst aus, als daß sie Erfahrungen vermitteln und konkretes Handeln ermöglichen. Als Beispiel nenne ich die Hyperventilation im Gegensatz, zum Beispiel, zu Deinem Bericht über Circumcisionen, der trotz aller Knappheit nacherlebbar ist und sofort entsprechendes, neues Handeln fordert und ermöglicht.

Zu den Symptomen möchte ich anmerken: Sie sind manchmal der Ausdruck für nicht genommene Errettung aus Lebensgefahr. Anstatt das Geschenk des Lebens neu zu nehmen, als unverdientes, freies Geschenk, wird mit dem Symptom dafür bezahlt, und so wird die Errettung verharmlost und, vor allem, die Konsequenz neuen Handelns vermieden.

8.3.87

Das Symptom wirkt manchmal wie die Binde vor den Augen, die den Blick verstellt, wie wenn man sie benutzt, um »blinde Kuh« zu spielen. Man kann sie aber auch endlich von den Augen nehmen, um zu sehen.

Eßanfälle mit Erbrechen

30.6.83

Ich sehe, daß ich Dir mit meinem Vorschlag bezüglich des Essens zuviel zugemutet habe, da er eine zeitliche Flexibilität voraussetzt, die bei Dir noch nicht gegeben ist, zumal ich bedenke, daß Du den Vorschlag nicht nur nicht ein einziges Mal in der Praxis erprobt hast, sondern ihn nicht einmal genau gelesen hast; sonst hätte Dir der zweite Teil, der mindestens ebenso schwierig ist wie der erste, nicht entgehen können.
Es ist nun leider einmal so, daß das Problem in der Regel angenehmer ist als die Lösung. Daher ziehe ich meinen Vorschlag zurück.
Zum zweiten Problem fällt mir ein Satz aus der Bibel ein: »Ein unfruchtbarer Schoß ist unersättlich.«

8.11.86

Zur Bulimie möchte ich sagen, daß sie verschwindet, wenn die Person sich entschließt, nicht nur von ihrer Mutter, sondern auch von ihrem Vater zu nehmen, zum Beispiel indem sie bei einem Eßanfall einen Teelöffel nimmt, nur teelöffelweise ißt, sich dabei vorstellt, daß sie es von ihrem Vater bekommt und ihm bei jedem Teelöffel, den sie ißt, sagt: »Ich nehme es gerne von dir.«

Antwort vom 30.11.86 auf den obigen Brief:

Vielen Dank für Deine schnelle Antwort und insbesondere für den Tip mit dem Teelöffel und dem Annehmen. Ich habe es sofort ausprobiert und mache es immer wieder mit tiefgreifendem Erfolg: Ich habe mich seit dem ersten Mal nicht mehr überfressen, das heißt, ich esse so normal wie schon seit einem Jahrzehnt nicht mehr!!! Und wenn der Gedanke daran auftaucht, denke ich an den Teelöffel, lache, und der Impuls verschwindet.

Magersucht

30.8.83

Bei Magersucht habe ich gegenüber einer Mutter und ihrer Tochter folgende strategische Deutung erfolgreich eingesetzt: Die Magersüchtige solidarisiert sich in der Regel mit dem Vater, den sie in der Ehe als zu kurz gekommen und emotional am Verhungern erlebt. Sie möchte die Mutter auf die Not des Vaters aufmerksam machen und verweigert daher in der Zwischenzeit von der Mutter Nahrung und Weiblichkeit.

22.12.83

Magersucht entsteht gelegentlich als innere Solidarisierung mit einer Person, die von der engeren Umgebung abgelehnt wird oder die keinen Ausweg mehr sieht. Häufig ist das der Vater. Leider wird das in der Regel weder von der Familie der Magersüchtigen noch von ihr selbst verstanden; ein solcher Hinweis würde mit Entrüstung abgelehnt.

4.6.84

Der Magersucht liegt häufig die Solidarisierung
mit einer ausgeschlossenen oder sich zurückzie-
henden oder dahinschwindenden oder schuldigen Person zugrunde – häufig ist das der Vater.
Die innere Einstellung der Magersüchtigen ist
dabei: »Lieber ich als du.«

9.1.88

Bei der Magersucht sehe ich eine prinzipiell
andere Dynamik als bei der Bulimie. Die Magersüchtige sagt innerlich: »Lieber verschwinde
ich als Du, mein lieber Papa.« Hintergrundsi-
tuationen sind: Der Vater hält mehr zu seiner
Ursprungsfamilie als zur Gegenwartsfamilie,
oder er tendiert anderweitig aus der Familie
hinaus. Ich habe sie auch beobachtet, wenn der
Vater früh gestorben (gefallen oder vermißt)
war. Dann wird eine frühe Entscheidung des
Kindes in der Pubertät mit Hilfe der Magersucht aktiviert.
Magersüchtige haben übrigens häufig das Märchen vom Sterntaler als Skriptgeschichte.

5.7.88

Erst vor kurzem habe ich verstanden, was die
Geschichte vom fliegenden Robert bedeutet
und was ihr Sitz im Leben ist. Wer diese Geschichte als Skriptgeschichte hat, der sagt: »Lieber verschwinde ich als du.« Es ist eine Geschichte für Magersüchtige. Die Magersüchtige
sagt ja auch: »Lieber verschwinde ich als du«,
oder noch genauer: »Lieber verschwinde ich als
du, mein lieber Papa.«
Nach dem, was ich von Deinem Bruder weiß,
lag ihm, mit Bezug auf seinen Selbstmord, das
gleiche nahe. Was Dich betrifft, so kannst Du
innerlich sowohl dem Vater wie dem Bruder
sagen: »Auch wenn Du gehst, ich bleibe.«

Übergewicht

4.1.89

Zu Deinem Brief fällt mir eine kleine Geschichte ein.

Nasrudin, dem Mullah, erschien des Nachts im Traum ein Mann, um ihm zehn Taler in die Hand zu zählen; doch beim neunten hörte er auf. Da rief Nasrudin mit lauter Stimme: »Ich will sie alle zehn!« Er wachte auf von seiner Stimme, und als er es merkte, schloß er wieder die Augen und sagte: »Neun genügen auch.«

P.S. Hunger fühlen heißt: Ich weiß, ich nehme ab.

Übelkeit

30.8.83

Die Übelkeit signalisiert in der Regel unterdrückte negative Gefühle, vor allem aber Schimpfworte. Sobald die unterdrückten bösen Worte, meist aus der Vergangenheit, in der Therapie laut und deutlich zum Ausdruck kommen, während man sich die Person vorstellt und mit offenen Augen sie ihnen böse in die Augen sagt, verschwindet die Übelkeit. Die Übelkeit zeigt sich ebenfalls bei fälliger, aber nicht gewagter Schuldzuweisung.

Sucht

31.5.86

Ein starkes Verlangen, zum Beispiel nach Essen oder Rauchen, bezieht sich oft auf etwas anderes und ist im Grunde ein Verlangen, sich zuzuwenden. Wer sich das zugesteht, ist das Süchtige los.

1.1.87

Zum Alkohol kann ich Dir etwas sagen. Jeder Sucht ist die gleiche Grundsituation eigen. Der Süchtige hat seinen Vater nicht genommen, und er nimmt nicht von seinem Vater. Die Sucht verschwindet, wenn er seinen Vater nimmt und wenn er von seinem Vater nimmt. In der Praxis könnte das so aussehen, daß einer, wenn er trinkt, jedesmal nur einen kleinen Schluck nimmt und bei jedem Schluck sagt: »Lieber Vater, ich nehme es gerne von dir; es ist mir sehr kostbar.« Noch wirksamer ist es, wenn er das im Angesicht der Mutter sagt und tut.

27.10.87

Die Sucht im allgemeinen und insbesondere die Bulimie sind heilbar, wenn der Betroffene lernt, im Angesicht seiner Mutter auch vom Vater zu nehmen, zum Beispiel wenn die Bulimikerin bei jedem Bissen sagt: »Von dir, lieber Vater, nehme ich es gerne.« Auch bei Suizidgefahr ist häufig der Vater der rettende Helfer, wenn der Klient ihn nimmt und schützend neben sich oder hinter sich stellt.

Etwas Persönliches füge ich an. Wenn Du bei dieser Therapie Deinen eigenen Vater hinter Dich stellst, gelingen Dir Wunder.

Migräne

30.6.90

Migräne hat oft etwas mit angestauter Hinbewegung und Zuwendung zu tun, und es hilft, wenn man sich vorstellt, daß man sich anderen – insbesondere der eigenen Mutter – liebevoll zuwendet.

In diesem Zusammenhang scheint es mir auch ein wichtiger Schritt zu sein, daß Du Deinen Beruf würdigst. Darin liegt Demut und Größe.

11.12.91

Zur Migräne möchte ich sagen, daß sie oft auch psychisch bedingt ist. Sie stellt sich ein, wenn eine Bewegung in Liebe hin zu jemand unterbrochen oder unterdrückt wird. Dann hilft es, sich vorzustellen, sich mit weit nach vorne ausgestreckten Armen der Person, die Du liebst, mit ganzen Herzen zuzuwenden und der Liebe zuzustimmen mit allem, was dazugehört und was das Herz sich wünscht.

Herzschmerzen

30.8.83

Herzschmerzen sind in der Regel Zeichen unterdrückter Zuwendung. Sobald die Zuwendung zum Ausdruck kommt, verschwinden sie wieder. Die Zuwendung wird häufig zurückgehalten, weil man fürchtet, sie komme nicht an. Volle Zuwendung kann aber erst zum Ausdruck kommen, wenn das Ankommen unwichtig wird. Das Ankommen kann der Zuwendung nichts hinzufügen, und das Nicht-Ankommen kann ihr nichts nehmen.

Hyperventilation in der Primärtherapie

30.8.83

Während einer Primärtherapie wird die Hyperventilation mit den für sie typischen Krämpfen in den Händen, den Beinen und um den Mund in der Regel nur dann auftreten, wenn sich jemand aus Angst vor dem Ausdruck eines Gefühls gegenüber einer anderen Person in sich selbst zurückzieht, also der Beziehung ausweicht und statt dessen somatisiert. Die Symptome, die durch die Hyperventilation hervorgerufen werden, verschwinden daher auch mit einem Schlag, sobald die Beziehung aufgenommen wird und das unterdrückte Gefühl in Wort und Stimme zum Ausdruck kommt. Dabei spielt es keine Rolle, ob es sich um eine gegenwärtige oder um eine wiederbelebte frühere Beziehung handelt. Die Hyperventilation entpuppt sich also in diesem Zusammenhang als Widerstand.

Das Wiedererleben der Geburt in der Primärtherapie beginnt mit dem gleichen heftigen Atmen. Ja, dieses Atmen ist ein Signal, daß in der Therapie die Geburt wieder erlebt werden will oder muß. Sobald der Klient sich, ähnlich wie bei einer Geburt, kraftvoll bewegt, verschwinden die Krämpfe. Das Wiedererleben der Geburt wird durch das Ausschalten der Stimme gefördert, also durch das Atmen ohne Ton.

Träume

2.1.85

Zu Deinem Traum möchte ich keine Stellung beziehen. Manchmal wirkt er ja besser, wenn man ihn nicht genau festlegen will. Aber der Gesamttenor ist klar. Es kommt darauf an, die gesamte Vorstellung zu besuchen mit allem, was sie bietet, ein Fest des Lebens.

2.10.87

An Deiner Bemerkung zu bedeutsamen Träumen stimmt, daß sie in der Regel nicht leichtfertig erzählt werden. Es stimmt aber nicht, daß man sie deswegen erzählen sollte.
Bei den Aufzeichnungen, die Du Dir über meine Traumaussagen gemacht hast, kannst Du Dir über ihre Bedeutung erst sicher sein, wenn Du sie selbst eine Zeitlang erprobt hast. Dann stützen sich Deine Aussagen darüber nicht mehr auf das Wort eines anderen, sondern auf die eigene Erfahrung. Ohne diese Erfahrung stehen die Worte des anderen isoliert da, und auf Einwände könntest Du nicht antworten, weil der eigene Erfahrungshintergrund zu undifferenziert ist.

Aussagen, wie ich sie über Träume gemacht habe, können nicht mehr sein als eine Ermunterung zum Nachprüfen. Als allgemeine Aussage gehen sie leicht daneben. Behalte den Klienten im Auge: Mit ihm wohlwollend im Blick kannst Du in der Praxis wenig Fehler machen.

30.12.88

Widerstehe der Deutung des Traums. Laß ihn einfach wirken und stelle Dir vielleicht vor, daß der Kloß die andere Richtung nimmt, daß Du ihn sachte hältst und daß er von innen her leuchtet.

22.4.92

Träume eignen sich gut, sich die eigene Deutung zurechtzulegen, ja sie legen uns diese sogar listig ins Hirn.

Umgang mit Geschichten

22.12.84

Was Deine Geschichten betrifft, möchte ich Dich warnen. Auch bei den Geschichten gibt es solche, die ein Problem nur beschreiben und zur Resignation führen können, weil sie keine Lösung enthalten. Die Geschichten, die aus unserem besten Teil kommen, enthalten, wenn auch vielleicht nur hintergründig und versteckt, eine gute Lösung für alle.

27.6.87

Zu einer guten Geschichte – wie zu einer guten Therapie – gehört, daß keiner von der Liebe ausgeschlossen wird.

5.1.88

Die Geschichte von Josef besagt, daß ein Nachgeborener sich über seine Brüder erhebt und dadurch zu Fall kommt.

28.5.88

Ich lege Dir Geschichten für ein bettnässendes
Mädchen bei, Märchen, in denen vorkommt,
wie man einen Wasserhahn zudreht oder eine
Dachrinne, die tropft, repariert. Vielleicht findest Du darin Anregungen für Geschichten, die
Du Deinem Kind bei Verstopfung erzählen
kannst. Dazu eignen sich Geschichten vom Her-
geben, Platzmachen und von Erleichterung.

Ein Antwortbrief vom 14.12.89:

Unsere Tochter wächst flott heran und ist nun fünf
geworden. Als sie noch ins Bett machte, hörte ich
zufällig im Radio Deine »Geschichten«. Wir er-
zählten ihr jene Rotkäppchen-Variante mit der ab-
gedichteten Regenrinne ... und seither ist das Bett
trocken. Welch ein Zufall!

Ethik der Helfer

20.12.84

Ich finde Deine Gedanken zur Haltung der Helfer wichtig und – im guten Sinn – beunruhigend. Mir fällt dazu ein Wort aus der Bibel ein, das hier vielleicht am Platz ist: »Leistet dem Bösen keinen Widerstand.« Für mich ist auch das Böse und Schlimme ein integraler Bestandteil des Systems und eine Wurzel des Guten, und ich meine, wer zu der von Dir geforderten sittlichen Haltung gekommen ist, war wohl, notwendigerweise, in der einen oder anderen Form auch dem Gegenteil verfallen. So sehe ich das »schlimme« Treiben mit einiger Gelassenheit.

Jenseits der Psychotherapie

5.3.84

Es steht mir nicht zu, Dir in bezug auf Studien-
platzwechsel einen Rat zu geben. Doch ich gebe
Dir einen Tip. Manchen hilft es, wenn sie sich
genau und konkret innerlich vorstellen, was sie
wirklich wollen, dann aber bewußt nichts unternehmen, sondern nur innerlich bereit sind. Oft
fügt sich dann etwas, doch gewöhnlich ein wenig später als ersehnt.

28.12.84

Mir scheint, daß Taten in der Gegenwart gefragt
sind, weniger Therapie.

26.2.85

Keine Therapie kann die eigenen Eltern ersetzen. Sie kann aber, vielleicht, zu ihnen hin-
führen.

10.11.86

Auch wenn etwas, das gesagt wird, sehr plausibel klingt, enthebt es den Hörer nicht der Aufgabe, an sich selbst zu prüfen, was davon angebracht und anwendbar ist. Auch hier darf man die Lösung nur von sich und nicht vom anderen erwarten.

Das Zumuten ist zunächst eine innere Haltung, die gegebenenfalls, zum Beispiel in einer Therapie, auch nach außen zum Ausdruck kommen muß und darf. Im Zumuten werde ich ebenbürtig und behandle den anderen als ebenbürtig. Inwieweit es auch sonst nötig und angebracht ist, die Zumutung zu äußern, ergeben die Umstände. Wer den inneren Mut zur Zumutung gefunden hat, kann die Äußerung sowohl tun als auch lassen. In Deinem Fall scheint mir das Lassen besser zu sein.

1.3.88

Wenn in einem Kurs Hilfe gelingt, ist es wie Gnade, sowohl für den Klienten als auch für den Therapeuten. Die Forderung, daß der Therapeut helfen müsse, vielleicht sogar genau in dem Sinn, den man selbst bestimmt, hebt das, was Geheimnis ist und Geschenk, auf eine Ebene des

Machens und Machbaren, mit dem Ergebnis,
daß die heilende Quelle versiegt.

20.7.88

Ich komme mir vor wie jemand, der am Ufer
stehend jemandem zuschaut, der mit den Wellen
kämpft und der doch stehenbleibt, weil er erfaßt,
er kann nur in Reserve sein.
Noch ein kleiner Hinweis. Wahre Deine Würde
auch im Andenken an Deine Eltern.

16.2.89

Was Du beschreibst, ist Teil der Anforderungen,
die sich ergeben, wenn man ernsthaft in den
Beruf einsteigt. Das zu frühe Suchen nach Hilfe
von außen schwächt manchmal mehr, als daß es
hilft. Einen Beruf, der so viel fordert, kann und
darf man in der Freizeit nicht einfach vergessen.
Was Du als Übel oder Schwäche ansiehst, ist
Teil erwachsenen Lebens.

8.5.89

Aus Deinem Brief habe ich gesehen, daß Du erstens genau weißt, was fällig ist, und zweitens auch die Kraft zum Handeln hast. Die Kraft geht leicht verloren, wenn man andere, zum Beispiel mich, in Anspruch nimmt, wo eigenes Risiko und eigener Schmerz nicht übertragbar sind.

8.5.89

Wer zu schnell Hilfe von außen sucht, wird leicht schwach.

16.5.89

Wie schön, daß die Welt so reich ist. Wenn eine Tür sich schließt, geht eine andere auf.

4.7.89

Dein Vortrag ist voller Anregungen, zum Beispiel daß Narziß zurück zum Vater geht. Vielleicht ist das ein Hinweis darauf, daß er enden muß, weil er im Bannkreis der Mutter lebt. Schöne Männer sind ja Muttersöhnchen.

Anstoß genommen habe ich an Deiner Gleich-
setzung von Geist und logischem Denken. Das
logische Denken ist für mich ungeistig. Geistig
würde es, wenn es sich seinen Voraussetzungen
stellen würde und könnte. Das logische Denken
ist ja eine Flucht vor den Paradoxien des Daseins
und deswegen, in seiner ausgeprägten Form, ein
Abwehrmechanismus.

8.8.89

Manchmal habe ich den Eindruck von geballter
Kraft, die in Bereitschaft ist. Wo Du Dich
schwach fühlst, ist es vielleicht deshalb, weil diese Kraft gebunden bleibt, obwohl sie fließen
muß.

27.9.89

Ihren ausführlichen Brief habe ich gelesen. Ich
sehe hier einen Meister am Werk, der sich tarnt
– irgend etwas Zottiges –, ein Seelenverwandter,
der an das Innerste rührt. Er ist wohl der einzige,
der eingreifen kann und auch darf, weil er gehei-
me Rechte hat und geheimes Wissen. Andere,
unter ihnen auch ich, müssen hier zurückstehen
und warten.

12.6.90

Mein Bild ist, daß wenn ich Deinem Wunsch entspreche, es mich und Dich schwächen und das Erreichte dadurch eher gefährdet als gefördert würde. Auch hier sammelt sich, wie oft, in der Begegnung im Vorübergehen die größte Kraft.

Der tragende Grund

Zweierlei Wissen

29.3.86

Nach einiger Zeit gibt es so etwas wie geschenktes Wissen, geschenkten Durchblick, geschenkte Fähigkeit des Entscheidens, Ratens und Führens und geschenkte Kraft. Das steht aber nur im Augenblick des Gefordertseins zur Verfügung – selten anders –, und es kann daher weder gelernt noch gelehrt werden.

Der Mitte folgen

6.8.84

Wer seine Mitte gefunden hat und finden kann, der kommt sicher voran in dem, was ihm entspricht, was immer auch andere sagen oder denken.

8.3.87

Wo immer es eine neue Erfahrung gibt, gilt es,
sie so auf sich wirken zu lassen, daß man einerseits ganz nach außen gerichtet bleibt, doch
gleichzeitig sie testet am eigenen Inneren als
Ganzes. Dann merkt man nach einiger Zeit genau, was richtig ist und fällig. Das ist wie Fühlen,
aber ohne Emotion, vielleicht auch ohne Bilder,
anders als Denken oder Überlegen, und wenn
man sich dann danach richtet in dem, was man
tut, weiß man sich im Einklang mit sich und
einem größeren Ganzen.

9.10.87

Wer im Einklang mit einem größeren Ganzen
einer guten Fügung traut, der wartet auch gegen
den äußeren Schein und gegen die Einwände
und gegen die Ängste. Das ist eine große spirituelle Leistung. Das viele Überlegen dagegen ist
Mißtrauen. Dann entzieht sich das, was fügt und
führt, und man bleibt auf sich selbst gestellt. Dieses Vertrauen ist wie eine Vorwegnahme von
Sterben, und daher gibt es hier auch keine Hilfe
außer Demut und Vertrauen.

3.1.89

Manche Schwierigkeiten gehen weiter, weil wir ihre Lösung von einer bestimmten Bedingung abhängig machen. Es ist besser, darauf zu vertrauen, daß sich das Wesentliche fügt, wenn die rechte Zeit gekommen ist. Oft stehen wir jedoch mit unserem Planen dieser Fügung etwas im Wege.

7.3.89

Daß Du zuerst die Wirklichkeiten dieser Welt wahrnimmst und sie später im Gelesenen wiederfindest, ist wohl eine Folge der Kontemplation. Die Sorge für die anderen mindert sich, wenn man vertraut, daß sie nicht weniger als wir von einer guten Kraft geführt werden. Das Kriterium für Eingreifen oder Lassen ist die Sammlung. Bin ich beim Tun gesammelt, wirkt es gut, werde ich dabei unruhig, ist es wohl umsonst. Ähnliches gilt für das Lassen. Im Zweifel soll man eher lassen.

1.5.90

Es tut mir gut, wenn ich manchmal eine Rückmeldung bekomme wie jetzt von Dir. Das

macht mir Mut, mich auf die innere Führung bei
mir und anderen zu verlassen, auch wenn der
Schein anders sein mag.

Wenn jemand, so wie Du jetzt, erfahren hat, daß
es eine gute Fügung und Führung gibt, wenn
man der stillen Seele folgt, kann er eigentlich
nicht mehr weit vom Eigentlichen abweichen.
Die Erinnerung gibt ihm Vertrauen und Kraft.

3.7.90

Die große Seele zieht sich oft zurück, wenn wir,
statt uns an sie zu wenden, lieber uns von außen
Rat und Hilfe holen. Nur wenn sie selbst uns
dorthin führt, können wir es ohne Schwächung
tun. Wer endlich auf die eigene Seele hört und
ihrer Führung folgt, der läßt die Kindheit hinter
sich und ist sowohl allein wie frei.

Was Deine Mutter angeht, so ist es vielleicht
besser, wenn Du Dich als Kind an ihrer Seite
siehst, so daß Du neben ihr statt vor ihr gehst.

21.12.90

Das Vergessen ist eine geistige Disziplin, und
sie hat etwas mit dem Weitergehen zu tun.
Der Berufene verweilt nicht bei seinem Erfolg,

er geht sofort weiter, so heißt es im Tao te king. Das gleiche gilt natürlich auch für den Mißerfolg und für den Wunsch nach dem Erinnert-Werden. Du mußt auch zustimmen, wenn Du in einem schiefen Licht erscheinst, und dann weitergehen. Wir werden unerklärlicherweise in glückliche Umstände verstrickt, und ebenso in unglückliche. Beidem gilt es zuzustimmen. Und verzichte auf die Frage »Warum?« Denn jede Antwort darauf ist Flucht vor dem, was ist und wirkt.

3.1.91

Vollständigkeit erreichen wir vielleicht eher, wenn wir uns einer guten Kraft überlassen, die durch uns wirkt, ohne daß wir auf die Richtung Einfluß nehmen wollen. Diese Kraft sorgt für beides, Kraft und Gegenkraft zur rechten Zeit, denn die Gegenkraft scheint uns nur dagegen.

21.1.91

Wer sich auf Wahrsager und Ähnliche einläßt, erlebt, daß er sich auf einmal von außen gesteuert erlebt, statt daß er sich einer guten Führung, die durch seine Mitte wirkt, anvertraut. Panik ist die Folge. Daher kehre zum Vertrauen auf die innere Führung zurück.

6.2.91

Würdige Deinen bisherigen Lebensweg und finde, gleichsam in Fortsetzung der Energie, die bisher floß, den nächsten Schritt. Hindern kann Dich daran, wenn Du, statt auf Deine Mitte zu achten, Dir ein Ideal von außen zur Richtschnur nimmst.

22.3.91

Wenn wir ein Gefühl der Öde haben, hilft es oft, sich vorzustellen, wie die eigenen Wurzeln weiter in die Tiefe reichen, bis sie das Wasser, das verborgen fließt, erreichen, das teilhaben läßt an der Fülle des Ganzen.

9.4.91

Aus meiner Sicht zögere ich, einen Vorschlag zu machen, so als würde ich dadurch eher einer Schwächung als einer Stärkung dienen. Auch die Forderung nach Ausgeglichenheit muß sich der Frage stellen: Dient sie der Lösung oder verhindert sie die Lösung?

Für Dich scheint mir wichtig, daß Du in Dir gesammelt bleibst, bis Dir aus der inneren Mitte die Einsicht kommt, die Dir den Ausweg zeigt.

8.5.91

Oft, wenn wir auf uns verwiesen bleiben, entspringt im Garten eine Quelle.

24.6.91

Es geht wohl nicht darum, daß Du einen Rat brauchst, sondern darum, daß Du Dich vielleicht daran gewöhnt hast, auf Rat von außen zurückzugreifen, und daß Du dadurch den Kontakt zur eigenen Mitte aufs Spiel setzt. Stillehalten ist angezeigt.

25.10.91

Was Deine Fragen bezüglich Deines Bruders und Deiner Familie angeht, ist es gemäß, daß Du sie innerlich einer guten Fügung anvertraust. Die Sorgen, die wir uns machen, stören das tiefere Wirken eher, als daß sie es fördern. Von Rilke gibt es in diesem Zusammenhang einen schönen Satz: »Wie ist das klein, womit wir ringen, was mit uns ringt, wie ist das groß.« Unsere Maßstäbe, was angebracht oder schädlich sei, halten rückblickend dem, was geschieht, nicht stand.

23.4.92

Eines gilt es, bei Eurer Arbeit zu beachten: die Achtung vor dem Geheimnis, das überall bleibt, und die Zustimmung zum eigenen Maß. Das eigentliche Lernen kommt über das Schauen, das unbeirrt überhört, was immer Theorien uns vielleicht vermittelt haben, und das eher auf die Wirkung und das Ende schaut.

Sehen und Hören

11.10.88

Ich möchte eine Unterscheidung zeigen.

1. Ein Kind will dazugehören und nimmt die Welt mit den Augen jener Menschen wahr, auf die es angewiesen ist und die es liebt. Sobald das Kind sieht, was den anderen wert und heilig ist, stimmt es dem mit allen Konsequenzen zu. Wenn das System sich neuen Werten öffnet, geht auch das Kind den gleichen Weg, und es geht ihn gerne, weil es liebt. Das Kind darf sich dabei, wenn auch geleitet und geführt, auf das verlassen, was es sieht und was es selbst, wenn auch vielleicht nur intuitiv, erkennt.

2. Wenn einem Kind Moral gepredigt wird, verlagert sich das Schauen hin zum Hören. Dann soll das Kind nicht selbst erkennen und dem Erkannten mit dem Herzen folgen. Nun muß es hören und gehorchen, und statt die Dinge selbst zu sehen und der Erkenntnis nachzufolgen, soll es sich jetzt unterwerfen.

Erfahrung und Denken

20.12.90

Deine Überlegungen haben mich angeregt, dem Gegensatz zwischen Erfahrung und Einsicht einerseits und dem nur Gedachten andererseits weiter nachzuspüren und auch die Folgen in Betracht zu ziehen. Hier also mein Beitrag zu diesem Gespräch.

Zur Erfahrung können nur Vorgänge werden. Auch eine mitgeteilte Erfahrung, wenn sie erfahrungsgemäß mitgeteilt wird, führt zur Erfahrung. Deswegen erübrigt es sich auch, Erfahrungen zu beweisen, denn sie beweisen sich durch den Vorgang, der zur Erfahrung wird.

Gedanken kann ich nachvollziehen, ohne daß ihnen eine erfahrbare Wirklichkeit entsprechen muß. Sie können schön und stimmig und interessant sein, ohne daß sie wahr zu sein brauchen. Die Gefahr ist, daß ich meine Erfahrung an meinen Gedanken messe und sie mit ihnen vergleiche. Dann glaube ich meinen Gedanken, statt meiner Erfahrung zu trauen. Dieser Vorgang birgt in sich die Gefahr der Entfremdung. Wenn man daher solche Gedanken zugunsten einer Erfahrung läßt, führt dies zur Sammlung, und obwohl man etwas läßt, führt dies zur Erfahrung von Fülle und von

Gewinn. Wenn ich dagegen eine Erfahrung lasse, die sich aus einem erlebten Vorgang und aus Einsicht ergibt, nur weil ich mir anderes denke, erlebe ich dies wie Mittenflucht und Verlust.

Die Einsicht ist der geistige Teil der Erfahrung, und sie führt immer zur Sammlung, und wenn sie mitgeteilt wird, führt sie zu sammelndem Vollzug. Der Gedanke, selbst wenn er Gedanke über Erfahrung ist, hat im Vergleich zur Einsicht eine mindernde Wirkung. Im Vergleich zur Einsicht, die voll und einfach ist, wirkt er blaß und kompliziert.

14.5.92

Was sich als Wahrheit der Seele im Wirken als wirklich erweist, das zählt am Ende, und es ist immer ein Hinaustreten aus Gewohntem in ein Wagnis. So erweist sich die Wahrheit in jedem als Neues und ist doch immer dasselbe. Da helfen dann weder das Hinterfragen noch irgendein Einwand. Was aber hilft, ist der Austausch von Erfahrung, die wagend und ernst war.

Spirituelle Wege

7.6.84

Viele sogenannte spirituelle Wege unternehmen den Versuch, etwas abzukürzen oder zu vereinfachen, was zum Gelingen den vollen Weg und die volle Zeit braucht. Die Behauptung, daß es ganz auf das Selbst ankommt, hat etwas Bestechendes und ist in vieler Hinsicht richtig. In der Verabsolutierung ist sie jedoch eine gefährliche Form der Hybris, da sie unsere Vernetzung und unsere Verstrickung leugnet. Die demütige Spiritualität anerkennt die Verstrickungen und begnügt sich mit dem, was zum Handeln notwendig ist.

31.12.86

Wie ich sehe, gehst Du den Dir eigenen Weg. Die Umwege sind ein notwendiger Teil davon. Man lernt dabei die Landschaft kennen. Buddhisten sind Menschen ohne Mutter, so wie die Gottsucher Menschen ohne Vater sind. Wer seinen Vater genommen hat, kann dieses Gottsuchen in der Regel vergessen. Vielleicht gilt mit Bezug auf die Mutter Ähnliches für die Buddhisten. Dazu gehört zusätzlich für die Frau, daß sie,

um den richtigen Mann zu bekommen, ihre
Mutter genommen haben muß. Denn erst die
Mutter macht die Frau zur Frau. Mädchen, die
beim Vater bleiben, bringen es meist nur zeit-
weilig fertig, Frau zu sein.

24.1.87

Deine Texte sind sehr eindrucksvoll. Man spürt
die lange, intensive Bemühung und die große
geistige Kraft. Sie haben aber auch einen Hauch
von Luxus und rufen nach der anderen Seite.

6.7.88

Danke für die Vorträge über Psychologie und
Mystik.
Für mich ergibt sich der Weg des einzelnen aus
einem Zusammenwirken vieler Kräfte. Wenn
wir sie als Ganzes wahrnehmen, ahnen wir, daß
sie im Dienste einer Fügung stehen, die sich wis-
senschaftlich nicht erfassen läßt. Sowohl Psychotherapie wie Meditation können im Dienste dieser Fügung stehen, sei es als Hilfe, sei es als Ver-
suchung. Daher braucht es eine Metaposition,
die über beiden steht. Inhaltlich ist sie schwer zu
fassen, doch sie läßt sich wie der Baum an seiner

Frucht erkennen. Zu diesen Früchten gehören die Weisheit, die Demut, die Liebe, die Heiterkeit, der Mut, die Dankbarkeit, Zustimmung zur Fülle und zu Grenze und Maß. Letztlich setzt das voraus, daß wir der eigenen Vergänglichkeit ins Auge sehen und den Tod als Ende anerkennen.

26.4.90

Mir wird immer wichtiger, zu unterscheiden zwischen dem, was ich und andere tun, und dem, wie ich und andere das, was geschieht, nachher erklären. Denn die Deutung ist vom Mantel nur der Zipfel. Auch entscheidet über einen Weg nicht der Anfang, von dem man aufbricht, sondern die Ankunft, der Ort, an dem er sich erfüllt. Hier finden sich die vielen Wege. Das wäre dann die volle und erfüllte Eins.

In meiner Geschichte von den Jüngern erscheint, was im Tao te king die Eins heißt, verschlüsselt als die »feuchte Erde«. Bei Laotse heißt das der Geist des Tales. Es ist das, was unten bleibt und aus der Tiefe nährt.

Das Tao te king hat mir am besten Richard Wilhelm mit seiner Übersetzung und seinem Kommentar in Diederichs »Gelber Reihe« erschlossen. Aber auch das muß man nach einiger Zeit hinter sich lassen, damit man nicht über dem Wegweiser den Ort vergißt, auf den er uns verweist.

14.5.90

Dein Brief und Dein Hinweis auf die Bereiche, wo es die Überheblichkeit des (Mehr-)Wissens nicht gibt, geht unmittelbar ins Herz. Er hat mich beschenkt und beglückt. Ich danke Dir dafür. Wir alle kehren zum Urgrund zurück, und wo immer uns die Kraft des Grundes hinbewegt und hingeformt hat, der Unterschied wird wieder aufgehoben. Doch solange er noch dauert, kann die Seele das Ende schon vorwegnehmen und fühlt sich so, trotz aller Unterschiede, allem gleich.

30.6.90

Nun gilt es, dem eigenen Stern zu folgen. Man verliert ihn aus den Augen, wenn man seitwärts nach anderen schielt.

Viel und Wenig

7.4.92

Der gesammelte Mensch ist im Einklang mit sich und seiner Umgebung, auch wenn ihm vieles ein Geheimnis bleibt. Was diese Sammlung fördert, erleben wir als heilsam, und was sie stört, verstimmt. Doch es ist das Wenige, das sammelt, und das Viele, das verstimmt. Wenn wir zuviel gesagt und offenbart bekommen, müssen wir, statt zu erfahren, hören oder glauben, und was gesammelt war, muß sich zerstreuen. Deine Texte vermitteln oft, was andere behaupten, und weniger, was sich der »Andacht« – um ein Wort von Heidegger zu gebrauchen – mühsam und nur spärlich zeigt. Erst, was aus solcher Andacht kommt, erhellt zugleich und sammelt.

Das Lassen der Bilder

25.11.91

Sowohl die abendländische wie die östliche Mystik lehren das Lassen der Bilder. Die Jungsche Psychotherapie verführt manchmal dazu, die

Bilder wirklich zu nehmen. Allerdings, und das ist etwas völlig anderes, findet die Seele nach dem Verzicht auf die Bilder manchmal ein Bild, das Wirklichkeit verdichtet.

Das Sein und das Nicht

24.5.91

Wer, so wie Du, noch einmal zurückkommt, ist verwandelt und trägt, was er in seinen Händen hält, behutsam. Denn unser Sein umgibt ein Nicht, das unser Sein begrenzt, so wie auf einen Anfang, der schon ist, ein Ende, das noch nicht ist, wirkt. Wenn wir etwas wählen, müssen wir zugleich verzichten, und wer beginnt, der wird auch enden. Wenn wir das Nicht im Sein bejahen, so wie das Ende im Anfang, dann wird durch beides, obwohl sie beide nicht sind, das, was wir beginnen, groß. Wenn wir das Ende und das Nicht verwerfen oder fürchten, dann wird durch beides das, was wir beginnen, weniger und minder.

Glaube

10.3.90

Dein Buch habe ich sofort gelesen, und mir schien, je mehr ich las, als hättest Du, statt daß die Toten sich selber begraben, ihnen noch einmal die Ehre gegeben. Und es hat mich gemahnt, wie berührt ich war, als ich vor einiger Zeit eine Aufsatzsammlung von Reinhold Schneider las (»Kein Ausweichen mehr«) und mitfühlen konnte, wie sehr dieser Mann litt, weil er den Glauben und die Kirche ernst nahm, und wie er doch am Ende, im »Winter in Wien«, erkennen mußte, daß sein Glaube und sein Leiden eitel war.

Mir bleibt als eigentliche Frage: Was ist, wenn unser Glaube falsch und menschlich war? Wenn Gott den Jesus nicht erhöht, sondern ihn verlassen hat, und er immer noch im Grabe ruht? Und wenn Gott sich von uns weder helfen noch benutzen oder zwingen läßt?

Ganz profan noch eine andere Bemerkung. Im Machtspiel zwischen Hirten und Schafen liegt alle Macht bei den Schafen; denn Schafe gibt es auch ohne Hirten, aber keinen Hirten ohne ein Schaf.

24.3.90

Vielleicht ist es mit dem Glauben und dem Un-
glauben ähnlich wie mit der Unschuld und der
Schuld. Auch sie treten nur gemeinsam auf.
Wenn ich zum Beispiel auf die Schöpfung
schaue und ihr traue, verstoße ich vielleicht gegen den Glauben an ein offenbartes Wort, und
umgekehrt. Auch führt der Glaube oft zum Anspruch, die Welt verbessern zu müssen, obwohl
sie doch, auch nach dem Glauben, von Gott
geschaffen ist. Das Ergebnis ist dann häufig, daß
wir, wenn wir gemäß dem Glauben die Welt
verbessern wollen, sie stören und zerstören. Der
Glaube an den allmächtigen Gott hindert uns
offenbar keineswegs, es mit der Welt noch besser
machen zu wollen als er selbst. Der Fragen und
Probleme ist also kein Ende.

Gnade

25.3.90

Die besonderen Erfahrungen, die Du gemacht hast, bewähren sich im Tun. Wir erfahren sie als Gnade, die kommt und geht. Man darf daher auch nicht sie suchen oder sie verstehen wollen. Sie wirkt unabhängig von unserem Verstehen.

7.4.90

Das Besondere erkennt man daran, daß es nährt und doch nicht festgehalten werden kann.

Abschied und Ende

Abschied im Alter

4.8.86

Im Alter von 66 Jahren haben Abschiede eine besondere Qualität. Manche Abschiede setzen einen Schlußstrich und machen damit Neues möglich. Im Alter aber bekommen Abschiede etwas Endgültiges. Sie stehen schon im Schatten der nahenden Nacht. Sie machen einsam, und sie tun weh. Solcher Abschied ist vielleicht in erster Linie fällig von Ihrer Frau, und erst in zweiter Linie von der jetzigen, jüngeren Frau. Wer sich dem Schmerz der Trennung aussetzt, wird frei von Vorwurf und von Zweifel und Schuld. Im Alter ist solcher Abschied auch Versöhnung mit dem Ende. Dann erst erscheint, was bleibt, im Licht der Abendsonne in besonderem Glanz.

25.11.89

Mir scheint, Abschied ist angesagt. Einmal von der Vergangenheit. Wer ab einem gewissen Alter noch immer im Vergangenen die Lösung sucht, verwirkt die Zeit, die ihm noch bleibt.

Als nächstes kommen Sie wohl um den Abschied von der Schule, die Ihr Werk geworden ist, nicht mehr herum. Sonst bleiben Sie auch hier mehr in der Hoffnung als in dem, was Sie erfüllt.

Als drittes wird ein Abschied fällig von Ihrer Frau. Ich meine damit einen inneren Verzicht, wie ein vorweggenommenes Sterben. Dann wird vielleicht, auf einer anderen Ebene, eine Gemeinsamkeit möglich, die doch die Einsamkeit mit einschließt. Mehr Psychotherapie würde nur ablenken. Deswegen zögere ich auch, Ihnen ein konkretes Angebot zu machen.

Trauer und Schicksal

1.6.85

Ich würde der Trauer nachgeben, wenn sie sich einstellt, das heißt, ich würde mich dann zurückziehen und ihr freien Lauf und Ausdruck geben. Diese Trauer erscheint oft unermeßlich, doch wenn man ihr nachgibt, hört sie schnell auf und man fühlt sich frei für Neues. Ein Wort, das dabei eine Rolle spielt, ist »schade«. Es ist vor allem die Trauer über das Versäumte, das nicht mehr nachzuholen ist, was uns so schmerzt. Doch zeigt die Erfahrung, wenn man der Trauer und dem Schmerz voll nachgibt, hört das Gefühl des Verlustes auf.

Anders ist es bei drohendem schlimmen Schicksal. Die Gefährdung unseres Lebens und unserer Gesundheit ist real. Sie zu ändern steht nicht in unserer Macht. In unserer Macht steht aber, wie wir damit umgehen. Ich lernte einmal während eines Kurses einen jungen Mann kennen, der infolge Kinderlähmung so verkrüppelt war, daß er nur den Kopf und eine Hand ein wenig bewegen konnte. Eine Geschichte, die ihn aufrecht hielt, war:

Jemand stürzt bei einer Kletterpartie über einem Abgrund ab, doch er hängt noch am Seil. Allerdings kann er sich nicht mehr hochziehen, und er sieht, wie oben eine Maus am Seil nagt. Mit der einen Hand kann er gerade noch bis an die Felswand langen. Dort sieht er einen kleinen Busch mit zwei Erdbeeren. Er greift danach, nimmt sie in den Mund und sagt: »Wie süß.«

Es kann auch sein, daß das Gefühl von drohendem schlimmen Schicksal eine Erinnerung an eine frühe Szene ist. Dann hilft es, diesem Gefühl nachzugeben, ähnlich wie bei der Trauer.

Leben und Tod

1.1.81

Daß der Tod das Ende ist, ist die wirkliche Erfahrung. Alles andere ist Überlegung und Hoffnung. Mir geht es nicht darum, eine Wahrheit zu verkünden, sondern ich will die Erfahrung, wie sie uns zugänglich ist, ernst nehmen. Du kannst auch anders an diese Wirklichkeit herangehen. Du mußt die Wirkung der Zustimmung zum Tod als Ende vergleichen mit der Wirkung der Hoffnung, daß es nach dem Tod weitergeht. Betrachte es nach der Kraft, die freigesetzt oder gebunden wird.

19.11.84

Vielleicht ist es Zeit, nach vorn zu schauen und die Ursachenforschung aufzugeben. Lösungen gibt es auch ohne Ursachenkenntnis, zumal bei der psychischen Ursachenforschung vieles ja reine Hypothese bleibt. Beim Blick nach vorne geht es zuerst um die Auseinandersetzung mit dem Tod. In Deinem Alter ist das ja sowieso fällig. Dabei muß auch der Krankheit ins Auge gesehen werden. Solange sie ein Feind in Deinen Augen ist, mobilisierst Du zwar viele Kräfte, und vielleicht kannst Du dadurch auch Dein Leben verlängern, aber welchen Inhalt hat dieses Leben dann? Auch mit einer solchen Krankheit gilt es, sich anzufreunden, ihr sogar zuzustimmen, wenn sie Dein Schicksal ist. Das heißt: sich eingliedern in die Reihe derer, die wissen, sie haben nur kurze Zeit, und die diese Zeit einfach leben, leben, leben – ganz in der Gegenwart. Die demütige Zustimmung setzt jene Kräfte frei, die auch die Dir noch geschenkte Zeit, wie kurz oder wie lang sie auch sein mag, kostbar macht.

26.2.87

Es geht in Deinem Fall um die Zustimmung zur eigenen Grenze und letztlich zum eigenen Ende. Jeder Mensch muß das einmal leisten, und keiner kann ihm da etwas abnehmen. Wer seiner Grenze zugestimmt hat, nimmt das, was ihm bleibt, als ein Geschenk und füllt es aus, solange seine Zeit bleibt.

13.3.87

Für jeden kommt die Zeit, da er sich mit seinem Tod befreunden muß und damit auch mit seiner eigenen Gebrechlichkeit, die einmal dazu führt. Das ist eine sehr persönliche Aufgabe, die durch Therapie nicht hinausgezögert oder verharmlost werden darf. Wem das gelungen ist, der richtet sich ein und nimmt, was ihm das Leben schenkt, und tut, was ihm und anderen Gutes bringt. Wenn dazu gehört, daß Du alte Freundschaft wieder pflegst, tue es.

10.6.87

Dein Herz hat sich gemeldet, und es hat Dich gewarnt. Zur Therapie erzähle ich Dir eine Geschichte.

Zu einem Arzt kam eine Praktikantin. Sie wußte alles besser, und als er sich ihrer Kritik nicht mehr zu erwehren wußte, führte er sie auf den Friedhof und zeigte ihr die Gräber. »Schau«, sagte er, »die hier liegen, waren alle meine Patienten. Ich habe ihnen geholfen, so gut ich konnte, und doch sind sie gestorben. Und eines Tages liege auch ich hier mit ihnen im Grab.« Da wurde die Praktikantin still, und seit dieser Zeit arbeitete sie gut mit ihm zusammen.

29.9.87

Frieden gibt es erst, wenn der Tod als Ende anerkannt wird. Oder willst Du es so machen wie
zwei Todgeweihte, die auf ihren Gräbern stehen
und sich mit Todesmut bekriegen? Dem Sieger
winkt ein Doppelgrab.

5.1.88

Was Deine Angst betrifft, Du würdest nicht älter
als 51 Jahre, so ist es in jedem Fall hilfreich, wenn
Du Dich darauf einstellst, daß Du zu dieser Zeit
sterben kannst. Doch in der Zeit vorher kannst
Du noch so viel aus Deinem Leben machen, daß
Du am Ende getrost wirst sagen können: »Ich
habe gut gelebt.« Wenn Du dann vielleicht noch
etwas länger lebst, nimm es als ein Geschenk.

15.3.88

Du hast erfahren: Wer sich vor dem Tod ver-
neigt, wird wesentlich. Auch ich verneige mich
mit Dir vor dem Tod Deines Bruders. Was
bleibt, ist kostbar.

5.7.88

Wo Schicksal wirkt, bleibt uns nur, daß wir uns neigen, wissend, wie begrenzt wir selbst und andere bleiben und wie begrenzt unser Leben bleibt. Dann können wir, was uns vom Leben bleibt, als Gnade und Geschenk empfangen und bis an seine Grenzen füllen.

7.3.89

Wenn Du die Schuld für den Selbstmord der geliebten Frau bei Dir suchst, suchst Du den Schmerz zu lindern. Es ist aber besser, sich dem Schmerz über ihren Tod zu stellen. Denn der Tod ist taub für unsere Argumente. Du mußt also ihr Schicksal getrennt von Deinem sehen. Verneige Dich vor ihrem Tod und ehre Dein Leben, solange es währt.

Nun zu Deinen Fragen:
1. Übernimm keine Verantwortung oder Vormundschaft für irgend etwas, das ihr gehört. Überlasse alles ihren Kindern und ihrer Verwandtschaft.
2. Rede weder mit Kursteilnehmern, die sie kannten, noch mit dem Mann. Laß es wirklich vorbei sein.

17.5.89

Angst vor dem Tod hat, wer sein Leben nicht nimmt. Das ist vor allem dann der Fall, wenn jemand, wie es bei Dir ja war, aus großer Lebensgefahr errettet wurde, nachdem er schon mit seinem Leben abgeschlossen hatte.

Die Aufgabe, die vor Dir liegt, heißt: das Leben, das Dir damals neu geschenkt wurde, auch als ein Geschenk zu nehmen, ohne Wenn und ohne Aber, aber auch ohne, um der Demut zu entgehen, heimlich dafür zu bezahlen.

Andere haben ihr Leben und ihren Tod, so wie Du Dein Leben hast und Deinen Tod. Hier ist jeder für sich und jeder allein.

29.9.90

Vor dem Selbstmord Deines Bruders und vor seinem Schicksal mußt Du Dich verneigen, so wie es auch Deine Eltern tun müssen. Wenn wir nach Schuldigen suchen, verhalten wir uns so, als hätten diese oder wir ein fremdes Schicksal in der Hand, und sobald wir solchen Gedanken in uns Raum geben, verlieren wir unsere Mitte. Sich verneigen aber ist demütig. Dann fühlen wir den ganzen Schmerz des Verlustes, aber es ist ein Schmerz, der heilt und versöhnt. Wolltest Du als

Rächerin auftreten, in der Annahme, Du dürftest
Deinem Vater die Schuld zuweisen, dann würdest Du auch unterstellen, daß Dein Bruder Rache sucht. Dann würde sein Tod nicht Frieden
bringen, sondern das Unheil müßte weitergehen.
Vor einigen Tagen las ich ein schönes Gedicht
von Rilke: »Orpheus. Eurydike. Hermes.« In
diesem Gedicht steht der schöne Satz über Eurydike: »Und ihr Gestorbensein erfüllte sie wie
Fülle.« So kann man den Tod sehen. Denn wie
das Leben aus etwas Größerem kommen muß,
das vorher war, so kann auch der Tod nicht ins
Leere führen, sondern nur hin zu Größerem, das
uns immer schon voraus ist und folgt.

8.1.91

Zum Thema »Tod« lege ich Dir eine Geschichte
bei. Vielleicht gibt sie Dir Anregungen. Der Tod
ist in dieser Geschichte ein Freund und ein
Wächter des Lebens. Leuten, die vor dem Tod
Angst haben, empfehle ich manchmal, daß sie
sich vor ihm verneigen. Dann bleibt er oft noch
etwas stehen.
Und noch ein Gedanke. Wenn ein Mensch, der
uns nahesteht, stirbt, wagen wir es manchmal
nicht mehr, unbefangen unser weiteres Leben als
Geschenk zu nehmen. Solchen Menschen sage

ich dann, sie sollten die verstorbene Person anschauen, sich vor ihr verneigen und ihr sagen:
»Du bist tot. Ich lebe noch ein bißchen. Dann
sterbe ich auch.« Wenn Du diesen Satz wirken
läßt, erfährst Du sein Geheimnis.

21.1.91

Was den Tod betrifft, ist die gemäße Haltung,
daß wir uns vor ihm verneigen und es ihm überlassen, wann er kommt.

20.2.91

Es gibt zwei Weisen auf das Ende zu schauen.
Die eine ist, daß man im Blick auf das Ende das,
was man hat, vergißt, und die andere ist, daß
man im Blick auf das Ende das, was man hat,
solange es dauert, dankbar genießt.

26.2.91

Die Suche nach den Ursachen enthebt uns der
Trauer. Sie wirkt sich schlimm aus. Gestatten
Sie dem Kind, daß es leben und sterben durfte,
wie es sein Schicksal war, und lassen Sie es
dann in Frieden.

4.10.91

Es ist, als trenne uns der Tod nur scheinbar oder vordergründig und als spürten wir ein Band, das Tod und Leben in ein größeres Ganzes fügt. Und wir, obwohl wir leben, leben nur ein bißchen, dann sterben wir auch. Das Wissen um das »bißchen« bindet uns, noch während wir leben, an die Toten und erlaubt es uns, die Zeit, die uns noch bleibt, bis zum Rand zu füllen.

9.6.92

Aus dem NLP (Neurolinguistisches Programmieren) kennt man die Methode des Ankerausgleichs, das heißt, wenn man sich in einer guten Situation – zum Beispiel in der Regression als satter, zufriedener Säugling – gleichzeitig der Erinnerung an eine schlimme Situation – zum Beispiel der Gefahr, zu ersticken – aussetzt, kommt es zu einem Wettbewerb zwischen den beiden Gefühlen, bei dem am Ende das schlimme Gefühl neutralisiert wird. Das hast Du offensichtlich erlebt.
Wenn im Laufe einer Behandlung ungewohnte Gefühle auftreten, zum Beispiel der Wunsch, sterben zu wollen, muß man die Person in eine gute Situation bringen, aus der sie das Schlimme

anschauen kann, indem man sie zum Beispiel festhält, wie eine Mutter ihr Kind. Dazu gibt es übrigens ein schönes Buch: »Hättest du mich festgehalten« von Jirina Prekop, Kösel-Verlag. Die Methode, die sie dort für die Behandlung von Kindern beschreibt, kann man auch bei Erwachsenen anwenden, wenn man sie, stellvertretend für die Mutter oder den Vater, wie ein Kind festhält. Wenn sie sich dann sicher fühlen, kann man sie die traumatische Situation anschauen lassen und so den Ankerausgleich bewirken.

Vergangenheitsbewältigung

16.12.92

Ich bin nach leidvoller Erfahrung der Meinung, daß man mit solcher Vergangenheit am besten umgeht wie Lot, als er Sodom, ohne noch einmal rückwärts zu blicken, hinter sich ließ. Sonst ist es, als seien die Toten lebendig und die Lebenden tot.

Schmerz, der versöhnt

11.10.88

Versöhnung und Friede werden möglich, wenn man die Opfer ehrt und würdigt. Wenn man den Ausgestoßenen und den Vergessenen wieder einen Platz einräumt, der ihnen weggenommen war. Wenn man mit ihnen über das geschehene Unrecht und das Unglück weint.

In Jerusalem geht man zur Gedenkstätte der Opfer und beginnt zu weinen. In Hiroshima geht man zur Gedenkstätte der Opfer, und man ist erschüttert und weint. Doch wenn in Jerusalem ein Deutscher dort weint und ein anderer sagt: »Du bist doch ein Deutscher«, kann der nicht mehr weinen. Und wenn in Hiroshima ein Amerikaner dort weint und ein anderer sagt: »Du bist doch ein Amerikaner«, kann der nicht mehr weinen. Es ist der Schmerz, der sühnt und heilt und mit den Opfern versöhnt. Dann kommen sie selber zu Wort, und nicht ihre Rächer. Die Lebenden können ihnen den Weg bereiten und den Raum. Sie schweigen, wenn die Toten reden.

Nachwort

Vielleicht ergeht es Ihnen mit dem einen oder anderen Brief wie einer Frau, die fragte, was sie machen solle, denn es gehe ihr in allem gut. Nur, sie rauche sich zu Tode. Ich schrieb ihr einen kurzen Brief, etwas verschlüsselt, und es tut mir leid, daß ich ihn nicht aufgehoben habe; denn nach einer Woche kam als Antwort von ihr: Sie habe den Brief schon mehrmals gelesen, und sie verstehe ihn immer noch nicht. Nur, merkwürdigerweise, sie rauche nicht mehr.

P.S.
Was ist, wissen wir wohl nie –
doch begreifen wir vielleicht, was hilft!

Zweierlei Glück

Die systemische Psychotherapie
Bert Hellingers

Gunthard Weber (Hrsg.)

erschienen 1993 im
Carl-Auer-Systeme Verlag Heidelberg
2., überarb. u. erg. Aufl. 1993
ISBN 3-927809-19-5
gebunden, 332 Seiten, DM 46.–

Zweierlei Glück beschreibt umfassend die Einsichten
und Vorgehensweisen Bert Hellingers. In lebendi-
gem und spannendem Wechsel von dichten Vorträ-
gen, Transkripten, Therapieverläufen und Fallvi-
gnetten sind viele seiner besonders eindrucksvollen
therapeutischen Geschichten zusammengefaßt.

Vorankündigung

Im II. Quartal 1994 erscheint ebenfalls im Carl-Auer-Systeme
Verlag als Fortsetzung von „Zweierlei Glück":

Bert Hellinger

Ordnungen der Liebe

Ein Kurs-Buch

ISBN 3-927809-31-4
gebunden , ca. 500 Seiten

Dieses Buch beschreibt, immer am einzelnen Schicksal, welches Geschehen nach welchen Gesetzen jemand in Frühes und Fremdes verstrickt und was die
Verstrickung bewirkt, erst unmittelbar und dann in
der Ferne. Vor allem aber beschreibt es, wann und
wie und nach welchen Gesetzen die Entflechtung
einer Verstrickung gelingt.

Carl-Auer-Systeme Verlag
Kussmaulstr. 10 · D-69120 Heidelberg
Tel.: 06221/40 64 12 · Fax: 06221/40 64 22

KÖSEL ■ Virginia Satir

Meine vielen Gesichter
Wer bin ich wirklich?
110 Seiten. Gebunden

Auf spielerische Weise zeigt die bekannte Familientherapeutin Virginia Satir, daß der Schlüssel für neue Möglichkeiten der Lebensgestaltung darin liegt, unsere vielen Gesichter zu erkennen und anzunehmen – und schließlich zu lernen, gut mit ihnen umzugehen.

Mein Weg zu dir
Kontakt finden und Vertrauen gewinnen
2. Auflage. 103 Seiten. Gebunden

Ist es möglich, so miteinander zu kommunizieren, daß es keine Mißverständnisse und Enttäuschungen gibt? Virginia Satir zeigt in ihrer lebendigen Art, wie wir unsere Kontakte liebevoll und befriedigend gestalten können.

Kösel-Verlag